충주가 좋다
사람이 좋다

충주가 좋다
사람이 좋다

초판 발행 | 2025년 11월 20일

지은이 | 정용근
펴낸이 | 김기호

펴낸곳 | 한가람서원
등록 | 제2-1863호
주소 | 서울특별시 중구 마른내로 72, 504호
전화 | 02-336-5695
팩스 | 02-336-5629
이메일 | bookmake@naver.com

ISBN | 978-89-90356-72-7 (03300)

- 잘못된 책은 바꾸어 드립니다.
- 지은이와 협의하여 인지를 생략합니다.
- 이 책은 저작권자의 지적재산으로서 무단전재와 복제를 금합니다.

충주가 좋다
사람이 좋다

정용근 지음

한가람서원

차례

여는 글 · 8

1장
공동체 더 나은 삶을 위한 어울림

중심고을 충주, 역사와 미래를 관통하는 정체성 · 13
강소 자강도시 충주의 현실적 전략 · 16
충북 북부권, '충청 메가시티'의 숙제 · 20
철학이 담긴 지자체 브랜드 · 23
한국교통대 통합의 교훈 · 26
환경과 공동체 정신을 가르쳐 준 스승 · 30
관주골과 함지 · 34
충주의 자부심이 될 사회복지의 뿌리 · 37
겨울을 이기고 나온 냉이의 교훈 · 40
다시 공동체의 길을 묻는다 · 43
신경림 문학과 고향의 기억 · 46

2장

탄탄한 미래를 향한 담대한 도전

2027년 충청 유니버시아드대회 · 51

충주 항공물류공항 추진 · 55

수소 에너지, 국가 전략산업으로서 기회 · 58

바이오헬스국가산단, 충주 성장동력의 새로운 주체 · 61

용인 – 충주 민자고속도로는 수도권 게임 체인저 · 65

국악 중심 문화도시 충주 · 69

미래차 시험인증센터, 충주의 미래를 여는 관문 · 72

충청내륙고속화도로 전 구간 개통 · 76

발티터널을 지나 악어섬으로 · 80

목계나루, 상업과 놀이가 어울린 복합 문화의 중심 · 84

2천 년 세월을 건너뛴 하늘재 둘레길 · 87

3장

경쟁력과 가능성을 찾다, 산업진흥

관광도시 단양의 교훈, 충주가 배울 점 · 93

미래를 떠받치는 핵심 성장축, 승강기 클러스터 · 97

충주사과, 다시 희망의 윤기가 흐르다 · 101

자영업 정책, 일방 지원에서 자립 강화로 · 104

충주 LNG 발전소가 남긴 교훈 · 107
수안보온천의 부활 · 110
충주나루, 충주호 관광의 대전환 · 113
'예성글패'가 남기고 싶은 이야기 · 117
교육 관광 콘텐츠 충주 동락전투 · 120
중부권발명교육지원센터 · 124
활옥동굴, 산업 유산에서 관광 자산으로 · 127
충주 쌀의 자발적 변신 · 130
충주 소태밤, 산과 강이 빚은 황금 열매 · 134
충주비료공장에서 이차전지의 중심으로 · 137
콩 융복합단지, 농업의 새로운 전환점 · 140
바이오소재 시험평가센터 착공의 의미 · 144

4장 /
경쟁력과 가능성을 찾다, 정주여건

역사와 문화가 교차하는 상징성을 지닌 탄금대 · 149
우륵문화제, 시민 참여형 콘텐츠로 채울 지역 브랜드 · 152
충북 북부지역 의료의 광역화 · 156
충주시립미술관, 지역 문화의 새로운 중심을 향해 · 159
반려동물과 함께하는 충주 · 162

문화동 변천에서 찾는 원도심의 힘 · 165

삼원초 수영장에서 추억하는 어린 시절 · 169

노인복지의 한계와 대안 · 173

충주YWCA, 여성의 미래를 여는 열쇠 · 176

장거리 공용버스의 공공성, 지역과 함께 가야 한다 · 179

충주조정경기장 유산과 미래 · 183

충주공고, 한림디자인고, 충주상고의 특성화 가치 · 186

탄금공원, 정책의 엇갈림 · 190

문턱 낮춘 '나누면', 시민이 만드는 새로운 복지 모델 · 193

국립충주박물관, 새로운 문화 시대의 서막 · 196

5장

적정인구, 지역사회의 생존전략

충주, 역사적 위상에서 미래형 강소도시로 · 201

원주, 천안, 평택 그리고 충주 · 205

생활인구가 이끄는 지역 경제 · 208

재정자립도 25%를 향한 과제와 의지 · 211

적정인구 25만 명의 과제 · 214

인구 구조, 역삼각형에서 항아리형으로 · 218

인구 반전의 기회를 맞은 충주는 '가능성의 도시' · 221

여는 글

저는 '충주가 좋습니다'. 사람과 동네, 땅과 물, 충주에 부는 바람과 햇빛을 사랑합니다. 많은 사람들이 충주를 좋아하고 아낍니다. 더러 도시 발전을 두고 아쉬움을 갖기도 하시지만, 좀 더 살기 좋은 곳을 바라는 마음은 누구나 같습니다.

함께 살아가는 공동체 정신이 필요한 때입니다. 서로 소통하며 지역을 위한 담론을 차곡히 쌓아야 합니다. 그것은 산업 기반과 정주 여건의 마련, 그리고 실현 방법과 실사구시의 비전을 공유하는 것입니다.

지금 우리 충주는 어느 정도 구축된 성장 인프라와 동력을 지역 특성으로 자리 잡고, 국가정책과 궤를 같이하는 방향을 잘 찾아가고 있습니다. 그 잠재력과 가능성을 갖고 획기적인 반전을 일으키기 위한 짜임새를 단단히 갖출 시기입니다.

지난 2년 동안 충주 곳곳을 찾아 공부하며 그간 있었던 일의 의미를 다양한 시각으로 정리했습니다. 처음에는 메모 형식으로 시작했다가 틈틈이 관련 자료를 찾아보고 생각을 덧붙였습니다.

오랫동안 자기 분야에 종사해 오신 지역 전문가들께 고견을 청하고 실제 일선에서 겪는 경험을 들었습니다. 가장 소중하신 우리 이웃들께 충주에 대한 솔직한 이야기를 듣고 소통한 일이 보람입니다.

이 책은 다섯 개 큰 가지로 엮었습니다. 먼저 공동체에는 우리 충주가 가진 정체성을 담았고, 미래 비전은 바깥을 향한 거시적 방향성을 설명합니다. 산업 유치와 정주 여건에서 충주에서의 삶, 일자리와 생활 여가에 관한 이야기를 풀었습니다. 인구 개선은 지역의 생존 전략으로서 사람이 중심이어야 한다는 소견을 적었습니다.

이 책이 누구에게든 도움이 되고 충주를 아는 데 쓰일 수 있으면 더할 나위 없이 기쁘겠습니다. 종일 밖으로 다니다 늦게 컴퓨터 앞에서 엎드려 잠들곤 했습니다.

그럴 때 오탈자를 잡아 주고 문맥을 다듬어 준 이, 평생을 제 곁에서 힘이 되어주는 사랑하는 아내 김숙용에게 고마운 마음을 전합니다.

이 책이 나오기까지 도움을 주신 많은 분이 계십니다. 개인적으로 감사 인사를 드리도록 하겠습니다.

책을 낸 의미는 제가 하는 일이 올바르고 여러 사람에게 이로운 일이라는 위안 하나로 족합니다. 저는 충주를 좋아합니다. 그리고 여러분을 사랑합니다. 고맙습니다.

연수 방자고개를 넘나들며
2025년 11월 정 용 근

PART

1

공동체 더 나은 삶을 위한 어울림

중심고을 충주,
역사와 미래를 관통하는 정체성

역사적 유산 위에 미래산업과 문화가 공존하는 도시

충주는 그 이름부터가 도시의 정체성을 웅변한다. '충주忠州'는 한자 그대로 '충성 충忠'에 '고을 주州'를 쓴다. 그러나 이를 파자破字로 풀어보면, '中(가운데 중)'과 '心(마음 심)'이 결합된 형태로, 문자 그대로 "가운데에 있는 마음의 고을", 즉 '중심고을'이라는 뜻으로 읽힌다. 실제로 충주는 삼국시대 이래 한반도의 내륙 중심에 위치한 전략적 요충지이자 교통의 결절점으로 성장해왔다. 단순한 행정구역의 명칭을 넘어, 충주는 한반도 내륙의 지리적 중심성과 정신적 균형을 상징하는 이름이다.

역사적으로 충주는 백제와 고구려, 신라가 치열하게 패권을 다투던 한반도 중심지로, 5세기 고구려가 국원성을 설치했고 신라는 삼국통일을 이후 이곳에 중원경을 두었다. 이후 고려 983년 충주목으로 승

격되면서 충주라는 지명을 얻었다. 조선시대에도 중부 내륙의 군사적 요충지이자 내륙 교통의 관문으로 기능했다. 남한강 수운의 중심이자 영남과 호서, 강원을 잇는 교통의 요지였던 충주는 예로부터 '내륙의 관문'으로 불렸다.

 지정학적으로 충주는 대한민국의 거의 한가운데에 있다. 이런 중심성은 단순한 상징을 넘어 경제·물류·교통의 네트워크 구조 속에서 실질적인 이점을 제공한다. 중부내륙고속도로, 평택-제천고속도로, 중부내륙철도, 충북선철도고속화, 그리고 곧 완전 개통을 앞둔 충청내륙고속화도로와 민자 적격성을 통과한 용인-충주 민자고속도로가 만나는 교차축은 충주를 '대한민국 내륙 교통의 허브'로 만든다.

 이러한 입지적 강점은 산업과 도시 발전의 잠재력으로 이어지고 있다. 현대엘리베이터 본사와 승강기 클러스터, 조성 중인 바이오헬스 국가산단, 미래차 전장부품 시험센터, 수소·암모니아 실증단지 등 미래산업 기반이 집적되고 있다. 이는 단순한 제조업 집적을 넘어 '기술-산업-교육'이 융합된 내륙형 혁신도시로의 진화 가능성을 보여준다.

그러나 중심의 도시는 물리적 발전에만 머물지 않는다. 충주의 미래가 이름이 상징하는 '중심'에 달려 있듯, 수도권과 비수도권, 전통산업과 신산업, 자연과 인간이 조화를 이루는 균형의 중심에 더 큰 의미가 있다. 대한민국 심장부에 위치한 충주는, 역사적 유산 위에 미래산업과 문화가 공존하는 새로운 내륙 거점형 도시가 될 가능성이 충분하다. '중심에 서서, 가치의 중심을 잡는 도시' – 그것이 바로 충주의 과거와 현재, 그리고 미래를 관통하는 정체성이다.

강소 자강도시 충주의 현실적 전략

충북 균형 발전의 중심축으로 경쟁력 있는 자립 성장이 실리

역사를 살펴보면 충주는 한때 충북의 중심지였다. 1896년 조선 고종이 전국을 13도로 개편하면서 충청북도의 관찰부가 충주에 설치되었고, 잠시 도청 소재지의 지위를 누렸다. 그러나 불과 12년 뒤인 1908년, 도청은 청주로 이전되었다. 당시 청주는 인근 조치원의 경부선 철도 교통망을 기반으로 성장 잠재력이 높다고 평가되었고, 결국 행정 중심이 바뀌게 된 것이다.

그로부터 100년이 넘는 세월 동안 청주는 충북의 정치·경제·문화 중심으로 자리 잡았다. 인구는 80만 명을 넘어섰고, 대학과 연구기관, 공공기관이 집중되며 정책과 재정 역시 청주 중심으로 돌아가고 있다. 반면 충주는 상대적으로 기능이 약화되었고, 이런 불균형 속에서 충주에서는 끊임없이 "도청 이전론"이 제기되어 왔다.

충청북도청 본관(청주시 소재)

　물론 전남도청이 무안으로, 경북도청이 안동·예천으로 옮겨진 사례처럼, 도청 이전이 지역 균형 발전을 위한 계기가 될 수는 있다. 하지만 충북의 현실은 그리 간단하지 않다. 현재 충북도청은 청주시에 있고 이를 바꾸려면 도의회의 의결과 도민의 합의가 필요하다. 무엇보다 청주시가 도청 소재지를 다른 곳으로 옮기는 것에 동조할 가능성도 희박하다.

　일각에서는 "청주가 광역시로 승격되면 충주가 도청을 가져올 수 있다"는 주장도 내놓지만, 최근 제도 변화를 고려하면 이는 더욱 비현실적이다. 정부는 기존의 광역시 체계 대신 특례시 제도를 도입했고, 수원·용인·고양 등 대규모 도시가 특례시가 되었지만 도청 이전은 일어나지 않았다. 이는 충북에서도 같은 맥락으로 작용할 가능성이 높다.

　더구나 충북은 전국에서 유일하게 도청, 도의회, 교육청, 경찰청, 공공기관 대부분이 청주에 몰려 있는 '1도시 집중형' 구조다. 이런 집중이 지역 균형 발전에 장애가 되는 것은 사실이다. 그러나 도청이라는 거대한 행정 기능을 충주로 옮기는 것은 정치적 갈등, 막대한 비용, 법적 절차 등에서 현실성이 떨어진다.

　따라서 지금 충주가 해야 할 일은 막연히 "도청 이전"을 외치는 것이 아니라, 현실적이고 실행 가능한 전략을 마련하는 것이다. 바로 '강소 자강도시'로서의 길을 모색해야 한다.

　첫째, 충주는 이미 승강기 클러스터와 수소 산업, 바이오헬스국가산단, 전장부품 시험인증센터 등 신성장 산업의 거점으로 자리매김할 기회를 맞이하고 있다. 도청 이전보다 훨씬 실질적인 지역 성장 동력이 될 수 있는 분야다. 이를 토대로 기업과 연구기관을 유치하고, 대학과 연계한 인재 양성 체계를 강화해야 한다.

　둘째, 충주는 교통과 물류의 요충지라는 본래 강점을 재발견해야 한다. 중부내륙고속철도의 판교 연결, 충북선 철도 고속화, 용인~충주 민자 고속도로 추진, 항공물류공항 논의까지, 충주는 이미 수도권과 전국을 잇는 관문으로 다시 부상하고 있다. 이러한 교통망을 활용한 기업 유치와 관광 활성화 전략이 필요하다.

　충주의 미래는 도청 이전이라는 불확실한 카드에 달려 있지 않다. 오히려 충주 스스로가 경쟁력 있는 산업과 문화, 교육 기반을 갖추어 자립적 성장을 이끌어 낼 때, 충북 균형 발전의 중심축으로 자연스럽게 인정받게 될 것이다.

  충주는 이제 과거의 영광에만 기대어 "도청을 돌려달라"고 주장할 것이 아니라, 강소 자강도시의 길을 개척해야 한다. 그것이야말로 충주가 진정으로 시민들의 미래를 지켜내는 가장 현실적이고 설득력 있는 전략일 것이다.

충북 북부권, '충청 메가시티'의 숙제

지방균형발전 명분 속에 충주 등 북부지역 소외와 불균형 우려

　수도권 과밀화에 대응하고 지방균형발전을 이루기 위해 정부와 지자체들은 광역권 통합과 메가시티 구상에 속도를 내고 있다. 이미 부울경 메가시티와 광주·전남 공동체 구상이 본격 추진되고 있으며, 충청권 역시 지난 2023년 12월 대전·세종·충북·충남 4개 시도가 참여하는 '충청광역연합'을 출범시키며 메가시티를 향한 공식 행보를 시작했다. 여기에 지난 9월 발의된 '대전·충남 행정 통합 특별법'도 관심이다. 초광역 교통망, 산업 연계, 공동 경제생활권 등이 주요 과제로 제시되며 수도권에 맞설 비수도권 신성장 거점을 목표하고 있다.

　이 과정에서 범 충청권이지만 소외감을 느끼는 지역이 있다. 충북 북부권, 충주·제천·단양이다. 메가시티의 기본 요건은 1시간 생활권과 교통 접근성이다. 그러나 충주는 대전과 100km, 세종과도 70km

이상 떨어져 있고, 광역 간선 교통망인 충청내륙고속화도로도 올해 연말이 되어야 완공된다. 단순히 '같은 충청도'라는 명분으로는 생활·경제권 통합이 어렵다.

실제로 2023년 기준 지역내총생산(GRDP)을 보면 청주의 경제력은 충주의 약 5배 수준이고, 충주·제천·단양을 합쳐도 청주의 절반에도 못 미친다. 이렇게 충북의 제조업·서비스업·행정기관·금융기능 모두 청주 중심으로 쏠려 있는 상태에서 대전·세종권과 연결하는 충청광역연합은 충북 북부지역 입장에서 상대적 불균형을 고착화할 수 있다는 우려가 크다.

충청광역연합의 핵심 사업으로 논의되는 청주–세종–대전권 광역철도 구상은 이러한 편중을 보여주는 단면이다. 이 철도망은 충청권 남부·서부의 연결성을 강화하는 데 의미가 있지만, 북부권과의 연계는 여전히 공백으로 남는다. 경제 및 생활권 편입 효과를 기대하기 어려운 충주·제천·단양은 '광역철도=광역연합의 뼈대'라는 공식에서 사실상 소외되는 셈이다.

충북 북부권의 잠재력은 작지 않다. 충주는 중부내륙고속도로와 고속철도망, 중원비행장을 활용한 항공물류공항을 구상하고 있고, 제천은 한방헬스산업특구, 단양은 관광산업의 강점을 지니고 있다. 그러나 이 개별 프로젝트들이 광역전략 속에 어떤 위치를 차지하고 연계성을 갖고 있는지 불투명하다. 정책 논의가 청주권 중심으로만 흘러간다면 북부권은 "같은 충청이지만 다른 경제권"으로 발달할 수 있다.

청주가 대전·충남 서부권과 강하게 결속하면서 충북 내에서 균형발전이 무너져 북부권은 이중 소외를 겪을 수 있는 것이다. 대전·청주권의 변화 속에서 충주·제천·단양은 여전히 조용히 주변부로 밀려나는 중이다. 이런 상황에서 지금 충북 북부권이 내부 연합으로 독자 전략을 강구하는 것이 나을 수도 있다는 의견이 있다. 충주-제천-단양이 교통·산업·생활 측면에서 스스로 연결되고, 이를 기반으로 충북 도정 안에서 '제2의 축'으로 인정받을 정책 로드맵을 마련하는 것이다.

청주 오송과 청주공항을 중심으로 진하게 그려지는 충북의 미래는 도내의 지역 균형과는 거리가 있다. 여기에 광역연합이라는 이름 아래 불균형이 심화된다면, 이는 또 다른 지역 격차를 가져올 것이다. 메가시티 구상은 포괄성과 현실성이 뒷받침되어야 의미가 있다. 통합 정책에서 소외되지 않으려면 충주·제천·단양이 같은 목소리를 내고, 충북 전체의 입체적 발전구조 속에서 스스로 자리를 찾아야 한다. 메가시티를 추진하는 과정에서 그 '메가'의 의미가 충북 전체에 미치는지 냉정한 성찰이 필요하다.

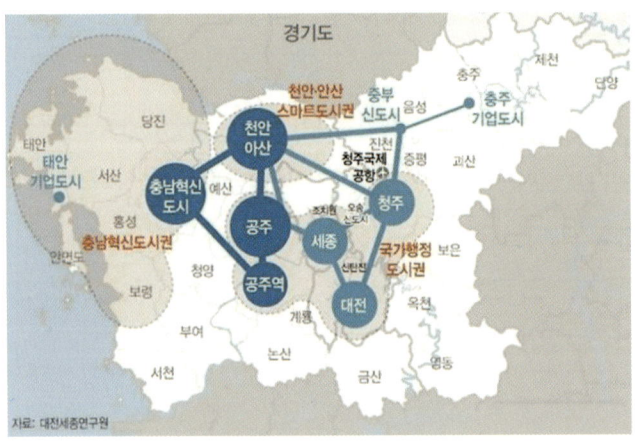

충청권 메가시티 구상(자료 : 대전세종연구원)

철학이 담긴 지자체 브랜드

도시의 내공과 신뢰의 상징으로서 충주의 발전 방향이 담겨야

　대전 성심당. 누구나 한번 들어봤을 이름이다. 이 제과점 하나가 도시의 얼굴이 된 것은 화려한 마케팅 때문이 아니었다. 철학이었다. 당일 생산·판매 원칙, 남은 빵을 어려운 이웃과 나누는 윤리, 그리고 70년 넘게 이어온 신념. 그것이 시민의 공감을 얻었고, 마침내 대전이라는 도시와 등식이 되었다.
　이즈음 질문을 갖는다. 도시의 브랜드는 어디서 오는가. 무엇이 도시를 특별하게 만드는가. 전국의 여러 지자체가 로고를 바꾸고, 슬로건을 갈아치우고, 브랜드 디자인을 새로 입히지만 오래 기억되는 경우는 드물다. 단체장이 바뀌거나 유행을 좇다 보니 브랜드 정체성은 흔들린다. 시민의 삶 속에 스며들지 못한 채 결국 겉모양에 머문다.
　진짜 브랜드는 다르다. 성심당이 그랬듯 철학에서 태어난다. 그 철학이 시민과 교감하고, 꾸준히 실천되며, 세대를 넘어 이어질 때 비로소 도시 이름은 신뢰의 상징이 된다. 미국 뉴욕시를 표현하는 '아이 러브 뉴욕'은 1970년대 재정파탄과 산업 쇠퇴로 암울했던 도시 분위기를 바꾼 대표적인 도시 브랜드 사례다. 독일 프라이부르크가 '친환경 도시'로 불리는 것도 수십 년간 교통·에너지 정책에서 친환경을 실천한 결과다.

충주는 어떤가. 조선 시대 전국 2위의 인구를 자랑한 내륙의 중심지였고, 70년대 산업화 시기에는 비료 화학공업의 중심지였다. 지금은 승강기 클러스터, 수소 산업, 바이오헬스와 항공물류공항 추진 등 새로운 변화를 시도하고 있다. 삼국 문화와 천혜의 자연환경을 앞세워 역사 관광도시를 지향하고 있다. 하지만, 도시의 철학이 무엇인지 묻는다면 답하기 쉽지 않다. 외형적 조건과는 달리 내면의 정체성이 분명치 않기 때문이다.

진짜 브랜드를 만들려면 내면부터 점검해야 한다. 어떤 철학으로 도시를 운영하는가. 어떤 원칙으로 시민과 소통하는가. 이 질문에 제대로 답하지 못한다면 아무리 큰 홍보 예산과 거대한 조형물도 도시를 브랜드로 만들지 못한다.

충주는 잠재력이 충분하다. 남한강과 유구한 삼국 문화, 충주호, 수안보 온천 등 유구한 역사와 자연이 공존한다. 생태와 치유라는 정체성을 세울 수 있고, 산업·문화·관광·교육이 어우러진 중형 도시로 발전할 수 있다. 그러나 이 가능성을 현실로 바꾸려면 흔들림 없는 철학이 필요하다. 소신이 담긴 정책, 일관된 행정, 시민이 그 속에서 신뢰를 느껴야 한다.

도시는 시민이 만든다. 성심당이 그랬듯, 진심을 실천하고 소비자의 신뢰를 쌓아갈 때 그것이 곧 브랜드가 된다. 충주를 두고 우리가 스스로 물어야 할 질문은 명확하다. 우리 도시는 오늘 어떤 진심을 가지는가. 시민과 행정을 서로 얼마나 신뢰하는가. 도시의 정책과 민생 속에 어떤 철학이 스며 있는가. 그리고 그러한 일련의 과정을 어떤 단어 또는 글귀에 녹여 낼까. 그것이 도시 브랜드가 된다. 오래 지켜온 신념 하나가 도시의 얼굴이 될 수 있다. 충주의 브랜드는 멀리 있지 않다. 도시의 유래와 발전 방향을 담아 일관된 행정과 정책의 공감, 시민과의 신뢰. 그것이 충주를 설명한다.

브랜드슬로건 'Good 충주'

한국교통대 통합의 교훈

**핵심은 상생의 방식이며 속도가 아니라 방향성,
그리고 지역과의 공감이 필요**

2025년 5월, 교육부는 충북대학교와 한국교통대학교의 통합을 승인하지 않았다. 행정 절차의 보류가 아니라, 지방대 구조조정 정책의 한계와 지역사회의 반발, 불완전한 소통이 불러온 예견된 결과였다. 국립대 통합이라는 기조 아래 충북권 내 대학교육 체계를 재편하려 했으나, 통합이라는 이름 뒤에 감춰진 손익의 문제를 충분히 따지지 않은 채 추진된 구조 개편이 얼마나 취약한지 드러낸 사례다.

교육부는 2022년부터 학령인구 급감, 재정 압박, 수도권 집중이라는 3중 위기에 대응하기 위해 '국립대학 체계 개편'을 본격화했다. 지방대 위기 해법으로 국립대 통합·특성화를 추진한 것이다. 충북권에서는 충북대학교와 한국교통대학교를 대상으로 통합 논의가 빠르게 전개됐다. 충북대는 충북의 거점국립대로 종합대학 체계를 갖추고 있고, 교통대는 교통과 공학 분야에서 특성화를 이뤄온 충주 유일의 국립대이다. 양 대학의 결합은 행정·재정 효율화와 교육역량 강화, 지역 균형발전 측면에서 긍정적 기대를 모았다.

그러나 추진 과정은 순탄하지 않았다. 가장 큰 쟁점은 '흡수 통합' 논란이다. 통합 후 대학명을 '충북대학교'로 유지하는 방안이 채택되면서, 교통대의 역대 총장과 동문 관계자들을 중심으로 대학의 정체성이 사라진다는 불안을 드러냈다. 단순한 반대가 아니라 통합 논의 자체의 정당성에 대한 의문을 제기한 것이었다.

지역 간 시각차도 컸다. 청주권은 대승적 차원에서 통합을 긍정했지만, 교통대가 위치한 충주에서는 교육 기능 축소와 지역 소멸을 우려하며 신중론을 폈다. 청주 중심으로 고등교육 인프라가 집중될 경우 충주와 북부권의 교육 공백은 심화되고, 이는 도시 쇠퇴를 가속화할 수 있다는 우려였다.

결정적 변수는 경기도 의왕시였다. 교통대는 충주 본교 외에도 증평, 그리고 의왕에 철도대학 캠퍼스를 운영 중이다. 철도 인재 양성이라는 특수 기능을 가진 의왕캠퍼스는 국토교통부와 협력하며 독자적 위상을 구축해왔다. 의왕시는 "충북대와의 통합은 철도대학 기능 약화로 이어질 것"이라며 공식 반대했다. 시의회와 시민사회, 언론이 한목소리로 반대한 것은 단순한 지역이기주의가 아니라, 특성화 대학 기능이 흡수 과정에서 희석될 수 있다는 구조적 문제를 짚은 셈이었다.

한국교통대학교

　결국 교육부는 협의 부족을 이유로 통합 승인을 보류했다. 지역사회 반발을 의식한 측면도 있을 것이다. 통합을 정책적으로 장려하되, 지역사회와 구성원의 합의 없이는 불가능하다는 의견이 내포된 것으로 보아야 한다.
　이제 중요한 것은 '승인 보류 이후의 방향'이다. 충북대와 교통대가 다시 손을 맞잡기까지는 시간이 필요하다. 교통대는 '통합 실패 대학'이 아니라 이번 통합 과정을 본질적 존재감으로 이어가야 한다. 충북 북부권의 유일한 4년제 국립대로서, 지역 기반형 대학의 가능성과 한계를 동시에 드러낸 것을 어떻게 받아들일지 궁금하다. 앞으로 교통대가 지역과 공존하며 특화된 학문 체계를 유지할지가 고등교육 개편 논의에서 중요한 시험대가 될 것이다.
　대학 통합은 대학에 주어지는 재정 인센티브 뿐만 아니라, 대학을 위한 맞춤형 지원 전략이 병행되어야 한다. 특성화 강화를 위한 정책 지원, 산학협력 확대, 청년 정주 여건 개선 등 실질적 대책이 병행되지 않는다면, 지방대 위기는 단순한 통합 논의만으로 해결될 수 없다.

통합 보류는 단일 사건이 아니라, 지방대 개편 과정에서 섣부른 '공생 모델'이 어떻게 좌절되는지를 보여준 사례다. 그러나 동시에, 지역과 대학이 함께 살아남을 길을 새롭게 설계할 기회이기도 하다. 핵심은 흡수나 병합이 아니라, 상생의 방식이다. 속도가 아니라 방향, 타협이 아니라 공감이 필요하다. 진정한 해법은 통합 그 자체가 아니라, 지역과 대학이 함께 미래를 설계하는 방식에 달려 있다는 것이다.

환경과 공동체 정신을 가르쳐 준 스승

땅과 사람을 사랑한 장인 김상덕 선생 1주기에 드리는 글

사람이 세상을 떠나면 이름 석 자, 그 안에 담긴 삶으로 기억된다. 나에게 장인은 바로 그런 분이었다. 앞장서서 말하기보다는 몸소 실천하셨고, 강요보다는 솔선하는 자세로 일상을 채우셨다. 세상의 중심이 되려 하기보다 땅과 사람 곁을 좋아하신 분이였다. 김상덕 선생, 그는 내게 장인이었고, 한 집안의 어른이자 다시는 만나기 어려운 스승이었다.

2025년 6월, 장인이 세상을 떠난 지 1년이 흘렀다. 유택이 있는 충주시 대소원면 가정리는 지금도 그분의 삶처럼 고요하고 단단하다. 살아 계실 때 장인은 자신을 늘 "농부"라 소개하시며 천직임을 자랑하셨다. 그 속에는 농사를 그저 먹거리를 생산하는 일이 아니라 사람을 살리고 공동체를 유지하며 생명을 지키려는 가장 자연스러운 뜻이

농사짓는 철학자 장인 김상덕 선생 추도식에서

담겼다.

충주고등학교 대선배이시기도 한 장인은 젊은 시절 정치학을 공부했지만, 끝내 선택은 고향 땅과 그가 사랑한 사람들이었다. 그리고 신앙과 인류 사이의 신뢰였다. 1977년 천주교 청주교구 가톨릭농민회 창립 당시 초대 총무를 맡은 이후, 평생을 농민운동에 헌신했다. 내가 기억하는 장인의 모습은 '농사짓는 철학자'였다. 화학비료와 농약 대신 자연 순환에 기초한 농법을 고집했고, 그것은 단순한 기술이 아니라 "사람이 어떻게 살아야 하는가"라는 물음이었다. 그의 밭은 농장이 아니라 성찰과 질문의 공간이었다.

1989년, 장인은 인생의 큰 고비를 맞았다. 평민당 서경원 의원의 밀입북 사건과 관련해 국가보안법 불고지죄로 구속된 것이다. 사실을 알았지만 당신은 처세로서 계산보다 인간에 대한 신뢰와 침묵을 택했다. 가족에게는 고통스럽고 억울한 시간이었지만, 누구도 원망하지 않았다. 오히려 "살면서 겪는 한 장면일 뿐"이라며 담담히 받아들이셨다.

장인의 삶은 종교적 시각으로만 설명되지 않는다. 그는 독실한 가톨릭 신자였지만, 그 신앙은 자연과 노동, 사람의 관계 속에서 그대로 드러났다. 도가와 불교 사상을 공부하며 "신은 어디에나 계시고, 흙 속에도 깃들어 있다"는 말을 자주 하셨다. 종교를 넘어 자연의 흐름 전체를 신앙 관점에 둔 분이었다.

1주기 추모제에 함께한 많은 이들은 "그의 삶은 한 권의 철학책 같았다"라고 말했다. 나 역시 동의한다. 그의 말과 침묵, 야위었으나 꼿꼿한 허리, 늘 흙이 묻은 신발 그 모든 것이 하나의 묵상이고 사유였다. 가족으로 곁에서 지켜본 나는 지금도 그 삶의 조각들을 되새기며 산다.

장인은 '한살림 충주제천'을 창립했고, 지역 유기농 운동의 선구자였다. 그러나 무엇보다 '농민'이라는 이름에 철학을 불어넣은 분이었다. 그의 생각은 지금도 충주의 농토와 장터, 농민회와 공동체 운동 속에 살아 있다. 후배 농민들은 여전히 그를 선배이자 이정표로 기억한다.

당신은 "농사는 밥을 짓는 게 아니라, 우리가 어떤 세상에 살고 싶은지를 묻는 일"이라 말씀했다. 그 말은 지금도 내 마음을 울린다. 밥을 먹는 일이, 땅을 밟는 일이 세상과의 관계를 다시 묻는 일이 될 수 있다는 것. 장인은 삶으로서 그 진실을 보여주셨다. 1주기를 맞은 지금, 내 마음속에는 슬픔보다 감사가 더 크다. 그런 어른의 삶을 가까

이에서 배울 수 있었다는 것, 내 아이들에게 그런 할아버지가 있었다는 것을 전해줄 수 있는 것이다.

  이제 남은 몫은 그분이 걸어온 길 위에서 바람직한 공동체를 생각하고 그 안에서 관계를 맺고, 그에 맞는 실천을 하는 길이다. 그것이 어떤 일이든, 나는 장인이 그러셨듯이 조용히, 단단하게, 자연과 사람을 사랑하는 방식을 이어갈 것이다. 고맙습니다. 당신의 삶은 늘 제 곁에서 격려와 지혜를 주십니다.

* 이 글을 빌어 귀한 시간과 정성을 내어 장인어른 1주기를 함께 해주신 조희부 이사장님을 비롯한 모든 분들께 깊은 감사의 인사를 올립니다.

관주골과 함지

오래된 도시에서 오랜 이름이 갖는 매력

충주를 거닐다 보면 다른 도시에서는 쉽게 만나기 힘든 예쁜 지명이 곳곳에 남아 있음을 알게 된다. 도시의 역사가 길고, 산과 물이 어우러진 고장인 만큼, 자연과 사람의 이야기가 켜켜이 쌓여 지명의 형태로 살아 있는 것이다. 이름 하나에도 지역의 정체성과 문화가 배어 있으며, 그 속에는 주민들의 삶과 기억이 고스란히 담겨 있다.

특히 충주 호암동에는 관주골이라는 오래된 자연부락이 있다. 이름만 들어도 푸근하면서도 고즈넉한 정취가 전해지는 이 마을에는 '함지'라 불리는 작은 못이 있다. 지금은 도시개발과 아파트 단지에 가려 옛 모습을 온전히 찾기 어렵지만, 마을 어르신들의 기억과 전해 내려오는 이야기를 통해 그 의미를 되새길 수 있다. 전설에 따르면, 이 함지는 하늘에서 별이 떨어져 생겨났다고도 하고, 용이 잠시 머물다 간

자취라고도 한다. 그래서 마을 사람들은 오랫동안 이 못을 신성한 곳으로 여겼으며, 가뭄이 들면 함지 주변에서 기우제를 지내기도 했다고 한다. 아이들에게는 용이 승천하는 이야기, 별이 내려앉은 동화 같은 이야기가 전해지며 자연스럽게 마을의 정신적 구심점이 되어왔다.

관주골과 함지의 전설은 단순한 옛이야기가 아니라, 사람과 자연이 함께 살아온 시간의 흔적이다. 물이 귀했던 시절, 작은 못 하나도 삶을 지탱하는 소중한 자원이었고, 그 못을 특별하게 여기는 마음이 전설이 되어 대대로 이어져 온 것이다. 이는 곧 충주라는 도시가 단순히 행정구역으로만 존재하는 것이 아니라, 수많은 마을의 기억과 이야기가 모여 형성된 공동체적 도시임을 보여준다.

이렇듯 충주의 지명은 오래된 도시의 품격을 말해 준다. 단순히 오래되었다는 차원을 넘어, 오래된 이름이 오늘날까지 이어진다는 것은

함지의 아침

그만큼 공동체의 뿌리가 단단하다는 증거다. 이름 속에 담긴 스토리와 감성이 도시의 매력이 되고, 그것이 외지인들에게는 특별한 인상을 남긴다. 현대 도시들이 대체로 획일적인 아파트 단지 이름과 도로명으로 채워지는 것과 달리, 충주는 여전히 고유의 이름과 이야기를 간직하고 있다는 점에서 도시 브랜드로서의 경쟁력도 크다.

앞으로 충주가 관광과 문화도시로서의 비전을 실현해 나가려면, 바로 이 지명의 스토리텔링을 적극적으로 살려야 한다. 관주골과 함지의 전설을 테마로 한 마을 역사관, 예쁜 지명들을 잇는 '충주 이름길' 같은 프로그램은 주민의 자긍심을 높이고 관광객에게는 특별한 체험을 제공할 수 있다. 또한 교육 현장에서는 이러한 지명을 활용해 지역 정체성을 배우는 살아 있는 교재로 삼을 수 있다.

충주는 지명이 천년이 넘는 고도에 걸맞게, 오랜 역사와 문화가 깃든 도시다. 그 흔적은 거대한 건축물이나 화려한 유적에만 있는 것이 아니다. 마을 이름 하나, 못 하나에 담긴 작은 이야기들이 모여 충주의 큰 역사를 이루고 있다.

이제 충주는 이러한 오래된 이름들이 품은 매력을 현대적으로 재해석할 필요가 있다. 도시 재생과 관광정책, 교육과 문화사업 속에 이들 지명이 살아 숨 쉬게 할 때, 충주는 단순한 지방 중소도시가 아니라 역사와 이야기가 공존하는 특별한 도시로 자리매김할 것이다. 오래된 이름이 주는 울림은 세월이 흘러도 사라지지 않는다. 충주가 가진 예쁜 지명과 그 속에 깃든 이야기를 되살려, 오래된 도시의 매력을 더욱 빛내야 할 때다.

충주의 자부심이 될 사회복지의 뿌리

천주교 충주 야현본당에서 이룬 성심맹아원과 빈센시오

　매년 10월 15일은 세계시각장애인연합회(WBU)가 제정한 '흰 지팡이의 날'이다. 흰 지팡이는 단순한 보행 보조기구가 아니라 시각장애인의 자립과 성취의 상징이다. 실명의 의미를 사회적으로 교육하고, 시각장애인이 지역사회에서 독립적으로 생활할 수 있도록 인식을 높이기 위한 뜻이 담긴 날이다.

　이날의 의미를 충주에서 되새기면 더욱 각별해 진다. 충주는 우리나라 장애 복지의 역사 속에서 남다른 흔적을 남긴 도시이기 때문이다. 1955년, 천주교 충주 야현본당(현 교현동성당)에 부임한 미국 메리놀회 옥보을(요셉) 신부는 전쟁의 상처가 채 가시지 않은 지역에서 시각·청각장애 아동을 위한 '충주성심맹아원'을 세웠다.

　당시에는 '특수교육'이라는 개념조차 희박했지만, 옥 신부는 모든

제46회 흰지팡이날기념 시각장애인 복지대회

인간이 하느님의 형상대로 존중받아야 한다는 믿음으로 장애 아동의 교육과 돌봄을 시작했다. 그의 헌신은 충주 지역 복지의 첫 물결이자, 지방 도시에서 시작된 인간 존엄의 실천이었다.

그뿐만 아니라, 옥 신부는 1961년 가난한 이들을 위한 봉사단체 빈첸시오회를 도입했다. 충주가 평신도 자선단체가 한국교회에서 구체적 활동을 펼친 초기 거점이 된 것이다. 가난하고 병든 이웃을 돌보며, 교육과 의료, 생계 지원까지 손을 내밀었다. 신앙을 넘어선 실천적 복지의 씨앗이 충주에서 움튼 것이다.

이처럼 충주는 복지와 공동체 정신의 뿌리를 간직한 도시다. 야현본당에서 시작된 맹·농아교육과 빈첸시오 활동의 진정성은 오늘날 천주교계는 물론, 지역사회 복지기관, 장애인 시설 등으로 이어졌다.

불편하거나 약한 이들을 향한 작은 배려, 마음의 문을 여는 실천이야말로 진정한 사랑의 품격이다. 흰 지팡이날은 단지 장애인을 위한 날이 아니다. 인간의 존엄을 다시 세우고, 공동체가 서로의 부족함을 채워주는 날이다.

70년 전, 시각장애 아동에게 빛을 찾아주려는 한 신부의 손길과 평신도들의 헌신으로 오늘의 충주는 복지의 자부심을 지닌 도시로 기억될 수 있다.

앞으로도 충주가 이 따뜻한 전통을 이어가길 바란다. 흰 지팡이가 길을 찾듯, 우리의 공동체도 그 자비와 연대의 길 위에서 더욱 환히 빛나길 기대한다.

겨울을 이기고 나온 냉이의 교훈

모진 추위를 견디고 맞이할 새봄의 도약을 준비하는 자연의 섭리

고요한 이른 새벽에 나의 카렌시아 수안보 텃밭을 찾는 일은 마음을 가다듬고 삶을 성찰하는 소중한 시간이다. 멀리 보이는 산등성이에는 아직도 눈이 남아 있어 봄을 완전히 허락하지 않은 듯 차갑게 버티고 있다. 그러나 발밑의 대지는 이미 질퍽하게 살아 움직이며 새 생명을 밀어 올리려는 치열한 전투를 시작하고 있다.

2월 하순, 겨울과 봄이 맞서는 이 시기는 힘겨워 보이지만 결국은 새로운 시작으로 이어지는 자연의 순환을 가장 극적으로 보여준다. 텃밭의 작은 풍경 속에서도 배움은 이어진다. 일주일 치 음식물 찌꺼기와 화초, 나뭇가지를 모아 퇴비를 만들며 생명의 순환을 체감하고, 마른 잎 사이로 고개를 내민 냉이를 발견하면서 인간의 삶과 크게 다르지 않은 인내의 시간을 떠올리게 된다.

냉이는 부모 세대에서는 구황작물로 쓰였고, 오늘날에는 이른 봄 별미로 자리 잡았다. 그러나 그 본질은 같다. 가장 혹독한 계절을 이겨낸 새로운 계절의 첫 주인공으로 당당히 모습을 드러낸다. 연약한 뿌리로 겨울 땅을 버티고, 얼음과 눈 속에서 싹을 틔운 냉이는 자연이 주는 가장 선명한 메시지다.

누구나 따뜻한 봄을 꿈꾼다. 그러나 봄은 그냥 오지 않는다. 겨울에 해야 할 일을 하지 않으면, 봄 속에 살 수 없다는 것을 우리는 안다. 냉이가 뿌리를 깊이 내려 얼어붙지 않게 버티듯, 우리 또한 수많은 담금질 속에서 굳은 살 박힌 가슴으로 일어서야 한다. 고난을 피하지 않고 맞서는 순간, 그것이 다시 도약할 힘으로 바뀐다.

이 교훈은 개인의 삶에만 국한되지 않는다. 국가와 사회도 마찬가지다. 경제적 어려움, 국제적 갈등, 정치적 혼란 등은 때로 겨울처럼 혹독하고 차갑게 다가온다. 그러나 이 시련의 시간을 잘 견뎌내야만 새로운 성장과 발전의 계절을 맞을 수 있다. 불편하고 힘든 과정을 건너뛴 도약은 허상일 뿐이며, 진정한 봄은 혹독한 겨울을 뚫고 나온 자에게만 허락된다.

텃밭의 풍경은 소박하지만, 그 속에는 거대한 진리가 숨어 있다. 버려진 음식물이 퇴비로 바뀌어 생명을 키우듯, 우리 삶의 고통과 좌절도 시간이 지나면 새로운 출발의 자양분이 될 수 있다. 눈 속에서 먼저 피어나는 냉이가 가장 강인한 생명력을 보여주듯, 어려움을 견뎌낸 개인과 공동체가 결국 시대를 이끌어가는 주인공이 된다.

감히 범접하지 못하고 한 치도 어긋남 없는 자연의 섭리 앞에서 우

나의 카렌시아 수안보 텃밭. 겨울에 해야 할 일을 하지 않으면, 봄 속에 살 수가 없다.

리는 겸손해야 한다. 하지만 동시에 희망도 발견한다. 겨울이 영원하지 않듯 시련은 반드시 끝나며, 봄은 언제나 다시 찾아온다. 문제는 그 봄을 맞을 준비를 우리가 어떻게 하느냐에 달려 있다. 냉이가 깊이 뿌리를 내리고 기다리듯, 우리 역시 각자의 자리에서 버티고 견디며, 언젠가 맞이할 도약의 순간을 준비해야 한다.

텃밭에서 삶의 교훈을 배운다. 개인도, 사회도, 국가도 모진 추위를 잘 견뎌내야 한다. 그래야만 다가올 봄 속에서 다시 힘차게 도약할 수 있다. 냉이가 보여준 작은 승리처럼, 우리 역시 어려움을 딛고 더 단단한 내일을 맞이해야 한다. 그것이 자연이 주는 섭리이자, 우리가 살아가야 할 길이다.

다시 공동체의 길을 묻는다

이웃과 세대, 지역과 세대를 잇는 새마을 정신의 가치

4월 22일 오늘은 '새마을의 날'이다. '새마을' 하면 우리는 개발 시대의 구호였던 "근면·자조·협동"을 자연스레 떠올린다. 새마을운동은 단순한 마을 가꾸기 사업이 아니었다. 1970년대, 산업화의 그늘 속에서 절망에 빠진 농촌과 서민들에게 '할수있다'는 믿음을 심어준 생활혁명이었다. 초가집 지붕을 고치고, 공동 우물을 파며, 마을 길을 닦는 그 현장은 자발적 참여에 의한 공동체 에너지 발현이었다.

그 뿌리는 한국 전통사회의 협동조직인 두레 정신이다. 마을 단위의 상호부조와 공동노동, 즉 "함께 일하고 함께 나누는 문화"가 새마을운동의 씨앗이 된 것이다. 농촌이 붕괴되고 산업화가 거세던 시기에 새마을운동은 '공동체로 살아남는 방법'을 실천적으로 보여줬다. 도로·하천·가옥의 정비는 물론, 생활개선과 교육운동, 부녀회 활동을 통해 국민 의식의 근본을 바꾼 점에서 새마을운동은 분명히 한국 근대화를 이끈 한 축이었다.

하지만 지금은 예전과 다르다. 공동체 의식의 해체, 세대 간 단절, 개인주의의 확산이라는 새로운 위기 앞에서 새로운 길을 모색하고 있다. 과거 물질적 빈곤을 극복했다면 지금은 깊어진 관계의 빈곤을 해결하는데 그 방향이 있다. 근면은 단순한 노동의 덕목이 아니라 '책임 의식'이고, 자조는 국가의 지원에만 의존하지 않는 '주체적 삶의 태도'이며, 협동은 이웃과 함께 살아가는 '공동체의 철학'이다. 이 세 가지는 오늘날의 사회적 위기에도 여전히 유효하다.

충주를 비롯해 지방 도시 대부분이 인구 고령화, 상권 침체, 돌봄 공백 등 행정만으로 해결하기 어려운 문제에 직면해 있다. 가장 현실적인 해법은 사람과 사람의 연결을 통한 지역공동체의 회복이라고 보면 그 역할을 새마을운동이 다시 맡아야 한다.

새마을 가치를 중심으로 지역문제 해결형 시민조직으로 재정립할 수 있다.

첫째, 새마을운동의 기능을 '지역사회 서비스 플랫폼'으로 확장해야 한다. 과거에는 환경정화나 거리 청소가 중심이었다면, 이제는 돌봄·에너지 절약·재활용·안전·청소년 멘토링 같은 생활밀착형 영역으로 활동 범위를 넓혀야 한다.

둘째, 청년과 여성의 참여를 확대해야 한다. 지역 청년들이 마을의 작은 문제를 해결하며 사회적 가치를 창출하도록, 새마을조직이 '청년 자조 플랫폼'이 되어야 한다. 이를 위해 디지털 교육, 사회적 창업,

충주시 새마을회. 새마을운동의 기능을 '지역사회 서비스 플랫폼'으로 확장해야 한다.

지역 리빙랩 등과 연계한 프로그램이 필요하다.

셋째, 새마을운동을 문화와 학습의 장으로 전환할 필요가 있다. '새마을학교'나 '공동체 아카데미'처럼 시민이 참여해 지역문제를 스스로 배우고 해결책을 찾아가는 과정은 과거의 "새마을교육"을 현대적으로 계승하는 모델이 될 수 있다.

신경림 문학과 고향의 기억

문학관과 문학학교는 시인에게 바치는 아름다운 헌사

신니에서 북쪽으로 국지도 82번(49번)을 따라 자동차로 10여 분쯤 달리면 노은면이 나온다. 점심을 마친 뒤 지난해 5월 타계하신 시인 신경림 선생의 생가를 찾았다. 마을은 고요하고, 들바람은 아직도 그의 시 속 구절처럼 느릿하게 불어왔다. 평생을 민중의 목소리로 살았던 시인의 삶을 떠올리며, 그가 남긴 언어와 사유가 이 고장에서 비롯되었다는 사실이 새삼 크게 다가왔다.

문학적 의미는 물론이고, 한 시대의 사회적 정신에 미친 영향력을 생각하면 신경림은 단순한 '시인'이 아니라 충주의 자산이다. 그분의 자취와 작품을 한데 모으는 일은, 우리가 나서 자란 땅에 대한 예의이자 책무이다.

1936년 충주에서 태어난 신경림 시인은 한국 현대시사에서 '민중의 시인'으로 불린다. 충주고등학교와 동국대학교를 졸업한 그는, 1956년 「문학예술」로 등단한 뒤 도시의 화려한 중심 대신 농촌과 사람들의 삶 속으로 들어갔다. 그의 대표작 「농무」는 "애들아, 어디로 가느냐, 어두워 오는데"로 시작되는 한 편의 서사시다. 농민들의 애환, 산업화의 그늘 속에서 해체된 공동체의 상실감을 그토록 강렬하게 그린 시는 드물다. 신경림의 시는 단순한 현실 참여가 아니라, 인간의 존엄과 공동체의 회복을 향한 서정적 외침이었다.

문학사적으로 그는 1970년대 '참여시'와 '민중문학'의 핵심에 있었다. 그러나 그의 시가 단순한 이념적 구호로 남지 않은 이유는, 그 안에 사람 냄새와 정이 있었기 때문이다. "삶은 늘 외롭고 가난하지만, 그 속에서도 서로 기대어 살아야 한다"는 그의 시적 태도는 한국인의 삶의 감수성과 맞닿아 있다. 신경림은 투사이기보다 구도자였다. 그는 사회적 발언을 하되, 그것을 인간에 대한 연민으로 승화시켰다.

충주는 신경림 문학의 뿌리이다. 「길」, 「가난한 사랑노래」, 「사람의 길」 등에서 반복되는 '돌아감'과 '기억'의 정서는 모두 이 땅의 흙과 사람들로부터 비롯됐다. 그는 "시의 출발은 결국 내 고향 산과 들, 사람들의 얼굴이었다"고 말했다. 그에게 고향은 단순한 배경이 아니라, 인간 존재의 근원적 장소였다.

그렇기에 충주는 신경림의 시를 단지 '문학사 속 한 이름'으로 남겨서는 안 된다. 지금은 시인의 생가를 중심으로 그분의 숨결을 기억할 공간을 만들어야 할 때다. 이는 단지 한 문인의 추모가 아니라, 충주라는 도시가 스스로의 문화 정체성을 되찾는 과정이기도 하다. 시인

신경림 시인의 생가가 있는 충주시 노은면. 한 건물에 시인의 시 〈목계장터〉의 일부가 적혀 있다.

이 걸었던 길을 보존하고, 그 시어가 태어난 공간을 되살리는 일은 후대의 교육이자 시민의 자긍심이다.

충주가 다시 그의 문학을 품는 일은 자연스러운 귀향이다. 그 방향은 크게 두 가지이다. 첫째, 생애와 작품세계를 알릴 수 있는 '신경림 문학관' 건립이다. 올해 유족들이 기증한 선생의 장서를 중심으로 지역문화의 심장부가 되는 '살아있는 문학관'이 되어야 한다. 둘째, '신경림 문학학교' 운영이다. 청소년과 시민이 함께 그의 시를 읽고, 자신의 삶을 글로 표현하는 교육 프로그램을 상설화해 지역의 인문 생태계를 풍성하게 만들 수 있다.

시인은 떠났지만, 그의 언어는 여전히 충주의 들녘과 하천, 사람들의 기억 속에 살아 있다. 신경림은 "사람의 길은 결국 서로를 향해 가는 길"이라 했다. 그 말처럼, 충주가 시인의 발자취를 따라 '사람의 길'을 다시 걷는다면, 그것이야말로 고향이 시인에게 바치는 가장 아름다운 헌사일 것이다.

PART 2

탄탄한 미래를 향한 담대한 도전

2027년 충청 유니버시아드대회

대회 성공으로 도시 이미지와 역량을 높이고 체육 인프라 개선을 기대

　오는 2027년 8월 1일 개최될 '충청 유니버시아드 대회' 육상 경기가 충주에서 열리게 되어 다시 한번 전국적으로, 나아가 세계적인 관심을 받을 수 있다. 육상은 애초 세종시 종합경기장에서 치를 계획이었지만, 경기장 건립이 무산되며 충주종합운동장이 대체지로 결정된 것이다. 육상은 유니버시아드뿐 아니라 올림픽, 아시안게임, 전국체전 등 종합대회에서 항상 '대회의 꽃'으로 불린다. 총 51개의 금메달이 걸린 이 종목은 가장 많은 선수단이 참가하며, 미디어와 관중의 이목이 가장 집중되는 종목이기도 하다. 대회의 성공과 직결되는 만큼, 이를 개최하는 도시는 자연히 큰 인프라 개선과 도시 이미지를 높이는 효과를 누릴 수 있다.
　충주는 이미 국제급 대형 스포츠 이벤트를 여러 차례 성공적으로

다양한 체육활동을 즐길 수 있는 충주종합운동장

치른 바 있다. 2013년 세계조정선수권대회, 2017년 전국체육대회 등이 대표 사례다. 특히 2017년 전국체전을 앞두고 완공된 충주종합운동장은 대한육상경기연맹이 인증한 1종 경기장으로, 1만5천 석 규모의 관람석과 보조경기장, 트랙 및 투척장, 휴게시설 등을 갖추고 있다.

　그러나 국제대학스포츠연맹(FISU)의 육상 경기 기준을 충족하려면 일부 시설 개보수가 필요하다고 한다. 현재 조직위는 트랙의 충격흡수율을 28%에서 35~50% 수준으로 높이고, 야간경기를 위한 조명도 1,400룩스 수준으로 개선할 계획이다. 관중 편의시설과 선수 동선 분리, 미디어 인프라도 보완 대상이다. 충주시는 약 50억 원의 국비를 요청해 관련 공사를 조속히 추진할 방침이다.

　충청 유니버시아드 대회에서 충주는 조정, 배드민턴, 태권도 등 3개 종목을 유치한 상태에서 육상이 추가되어 총 4개 종목을 치르게 된다. 이는 단순한 대회 운영을 넘어, 도시 전체의 환경을 개선하고 국제적 브랜드 가치를 끌어올리는 기회가 된다. 실제로 충주시는 경기장 보완뿐만 아니라 숙박시설, 음식점, 관광지의 여건 개선도 준비해야 한다.

이 과정에서 반드시 짚어야 할 부분이 있다. 바로 선수촌 배정 문제다. 지금까지 유니버시아드에서 선수촌은 개최지의 상징적 자산으로 기능해왔다. 앞서 개최했던 대구(2003)와 광주(2015) 모두 선수촌을 조성하며 국제 대회 참가자들을 맞이했고, 이후 이 시설은 임대주택·시민 체육 인프라로 전환돼 장기적 자산으로 남았다. 충주가 육상과 함께 핵심 종목을 맡는다면, 선수촌 배정 또한 마땅히 이루어져야 한다. 경기장 인근 숙소와 훈련 공간을 묶은 선수촌이 없다면 운영 효율과 선수 편의 모두에서 뒤처질 수밖에 없다. 선수촌이 충주에 마련된다면, 경기와 숙박·관광이 연결되는 '원스톱 스포츠 도시'로 자리매김할 수 있다.

이러한 논리는 우리나라 역대 유니버시아드 개최 도시들의 사례와도 맞닿아 있다. 2003년 대구 대회는 대구스타디움과 선수촌을 통해 도시 이미지를 일신했고, 이는 프로스포츠 유치와 시민 체육 활성화로 이어졌다. 2015년 광주 역시 경기장 리모델링과 함께 선수촌 조성을 통해 도시 재정비와 지역 균형발전에 기여했다. 충주가 선수촌을 새로 지을 상황은 아니지만 기존 시설을 이용해 배정을 받는다면 대회의 분산 개최가 단순한 기능적 선택을 넘어, 충북 전체의 균형적 발전을 이끄는 계기가 될 수 있다.

또한 집안에 큰 잔치가 생기면 가구도 바꾸고 집 안 정리도 하는 것처럼, 충주는 도시 곳곳을 새롭게 단장하게 된다. 다만 이러한 사업들을 자체 예산만으로 감당하기는 어렵기에 국비와 도비 확보는 여전히 주요 과제다. 충청 유니버시아드대회는 도시 역량과 인프라를 늘리고, 브랜드 가치를 높일 수 있는 절호의 기회다. 충주가 이번 대회를 계기로 '중부권 국제 스포츠 허브 도시'로 확고히 자리매김할 수 있기를 바란다.

충주 항공물류공항 추진

국가 물류 분산과 균형발전이라는 큰 틀에서 접근해야 할 과제

충주가 새로운 도약의 기회를 맞고 있다. 그 중심에는 충주시 금가면에 위치한 중원비행장을 항공물류 기능과 접목해 민간 물류공항으로 개발하려는 구상이 있다. 지난 4월 20일 이종배 국회의원이 국토교통부·국방부·공군 관계자들과 가진 1차 실무회의는 이러한 논의를 본격화하는 출발점이었다. 정부 측이 검토 착수를 약속하면서, 충주 구상은 단순한 지역 정치 의제가 아닌 중앙정부 차원의 정책 테이블에 오른 것이다.

이 계획은 단순한 지방 공항 유치와는 결이 다르다. 인천국제공항의 과중한 화물 물동량을 분산하고, 중부내륙권의 물류 중심지로 육성하며, 동시에 지역 균형발전이라는 국가적 과제를 해결하는 전략 사업으로서 의미가 크다. 현재 청주공항은 여객 수요가 이미 300만

명을 넘어 화물 기능 분리가 시급한 상황이다. 여객 중심으로 확장되는 청주공항의 여건상, 인근에 독립적인 화물 전용 시설을 확보할 필요성이 갈수록 커지고 있다.

중원비행장은 공군 활주로를 보유하고 있어 기본 여건을 충족하고 있다. 활주로 연장과 화물터미널 확충만 이뤄지면 화물기 이착륙이 가능하며, 국토 중심부에 위치해 중부내륙고속도로·충청내륙고속화도로·북충주IC·중부내륙선 철도망과 직결된다. 이를 통해 내륙형 복합물류 거점으로 발전할 잠재력은 충분하다. 무엇보다 연간 300만 톤에 이르는 인천공항 화물의 일부만 분담해도 수도권 2차 물류비 절감과 국가 물류 효율화에 크게 기여할 수 있다.

이와 맞물려 중원비행장 주변에 첨단 물류복합단지 조성을 함께 준

중원비행장 입구 원형 사거리

비할 수 있다. 항공·철도·도로를 연결하는 '트라이앵글 물류 네트워크' 구축을 통해 충주를 내륙형 물류 허브 도시로 발전시킨다는 청사진이다. 단순히 군 공항을 이용하는 수준이 아니라, 수출입 물류 기반을 강화함에 따라 지역 전체의 산업구조를 재편하고 하는 중장기 프로젝트라는 점에서 그 의미가 남다르다.

물론 넘어야 할 과제도 많다. 국토부 제7차 항공 계획에 포함시켜 타당성 조사와 기재부 예비타당성 심사를 통과해야 하는 것으로, 국방부·공군과의 협의도 필요하다. 그러나 실무회의를 계기로 충주의 항공물류공항 구상이 정부 차원의 논의에 정식으로 올라섰다는 사실만으로도 큰 의미가 있다. 충주는 내륙 교통망의 중심지이자 물류 인프라 확장성이 높은 도시다. 중원비행장이 민간 항공물류 거점으로 탈바꿈한다면 지역경제의 판도가 달라질 것이다.

지방소멸 위기가 현실화되는 시대에 충주가 내륙이라는 약점을 오히려 기회로 바꿔 내륙형 항공물류 허브 도시로 도약할 수 있다면 이는 지역만의 성과가 아니라 국가 물류 전략의 혁신 사례가 될 것이다. 충주 항공물류공항 구상은 단순한 공항 건립이 아니라, 국가 물류 분산과 균형발전이라는 큰 틀에서 접근해야 할 과제다. 중앙정부의 뒷받침, 지자체의 실행력, 지역사회의 지지가 맞물릴 때 충주는 대한민국 물류의 새로운 심장을 품은 중심도시로 거듭날 수 있을 것이다.

수소 에너지, 국가 전략산업으로서 기회

암모니아 수소 실증센터에서 40년 전 국내 화학 산업의 모태를 기억하다

친환경적인 방식으로 탄소를 배출하지 않는 수소는 궁극의 청정에너지로 주목받는다. 그러나 실제 활용까지는 녹록하지 않다. 물을 분해해 수소를 얻는 방식은 비용이 많이 들고 효율이 낮아 아직 상용화의 벽이 높다. 최근 이 한계를 대체할 수 있는 새로운 돌파구로 암모니아에서 수소를 추출하는 기술이 떠오르고 있는데 그 중심에 충주가 있다.

2024년 10월 대소원면에 준공된 암모니아 수소생산 실증센터는 고열에서 암모니아를 분해해 높은 순도의 수소를 추출하는 기술과 시스템, 안전성 등의 기준을 마련하는 곳이다. 따라서 그냥 시범 사업이 아니라 수소경제를 견인할 신기술의 무대이자, 탄소중립 시대를 준비하는 국가 전략의 실험장이다.

수소생산 실증센터 (주)원익머트리얼즈 충주사업장 준공식

충주와 암모니아의 인연은 40년 전으로 거슬러 올라간다. 1970년대, 충주비료공장(일명 충비)은 연간 25만 톤 규모의 암모니아를 생산하며 국내 화학 산업의 초석을 놓았다. 당시 충비의 기술진은 중화학 공업의 대표 도시인 울산·여수에 파견되어 공장 건설에 기초를 제공했다. 그렇게 대한민국 화학 산업의 상징 같은 존재였다. 그러나 1980년대 중반, 정부의 중화학공업 통폐합 정책 속에서 충비는 대체 산업 없이 문을 닫았고, 충주는 오랫동안 산업 공백과 침체를 겪어야 했다.

그런 충주가 다시 암모니아를 품은 것이다. 이번에는 단순한 화학물질 생산이 아니라, 암모니아에서 수소를 뽑아내 탄소 배출을 줄이는 친환경 기술의 실증지가 되었다. 앞으로 '암모니아 기반 수소 생산의 현실화'라는 무거운 과제를 짊어지게 된다.

이미 충주는 국내 최초로 생활음식물에서 얻은 바이오가스를 정제

해 친환경 수소로 바꾸는 시스템을 가진 수소 생산시설을 가동하고 있다. 생산된 수소를 충전소에 공급하고 있으면서 암모니아 기반 수소 산업의 도전이 시작됐다는 사실은 여러모로 상징성이 크다.

바이오 수소라는 독창적 모델에 암모니아 수소까지 이중 기반을 갖추게 된 것이다. 이제 중요한 것은 확장 전략이다. 실증이 성공적으로 끝나더라도, 충주가 미래형 에너지 도시로 자리매김하려면 연관 산업 유치와 클러스터 조성이 뒤따라야 한다. 수소차·수소발전·연료전지·수소저장·운송 물류까지 이어지는 전 주기 산업벨트를 형성할 수 있어야, 테스트베드를 넘어 '대한민국 수소 산업의 거점 도시'로 성장할 수 있다.

우리보다 앞선 세계 주요국은 이미 생산 → 저장·운송 → 응용(차량·발전·연료전지)까지 아우르는 수소 클러스터를 국가 단위로 육성 중이다. 그렇다면 우리 충주 역시 실증센터와 충전소를 토대로 '수소 생태 전주기 클러스터' 전략을 최상위에 두고 국가의 수소 산업전략과 연결되는 기회를 얻어야 한다.

그럼에도 수소 산업은 탄소중립의 유망한 열쇠이기는 하나, 비용과 기술성 그리고 인프라 면에서 아직 해결할 점이 많다. 하지만 수소를 미래형 친환경 에너지 문제로 보는 데는 이견이 없다. 연구개발, 제조, 물류, 시스템 운영까지 다양한 분야에서 고부가가치 일자리가 생기면서 청년 인재와 기술 기업을 끌어들일 수 있다. 따라서 수소 산업은 5년, 10년 이상을 내다보고 투자해야 하는 종합 산업전략으로서 지금이 미래를 보고 청사진을 그릴 적기다.

바이오헬스국가산단, 충주 성장동력의 새로운 주체

**유력기업 유치, 연구개발 및 부가가치 창출로
국가 바이오산업의 첨병 기대**

2024년 충주시는 국가 산업 지형도에서 중요한 위상을 마련한다. 대소원면 일원 224만㎡ 부지에 조성될 충주 바이오헬스 국가산업단지가 행정안전부 중앙투자심사를 통과하면서, 첨단산업도시로 성장할 국가정책의 발판을 마련한 것이다. 더구나 단순한 정책 대상지가 아니라, 국가와 충북의 성장동력을 이끄는 주체로 자리 잡는 계기라는 점에서 각별한 의미를 지닌다.

총 사업비 8,171억 원 규모로 국비 672억 원, 도비 183억 원, 시비 611억 원이 투입되는 바이오헬스국가산단은 한국토지주택공사(LH)가 6,700억 원 이상을 부담해 직접 조성에 나선다. 2023년 국토교통부의 산업단지계획 승인에 이어 지난해 행정안전부의 관문까지 통과

하면서 올해 중 보상 절차가 본격 착수된다.

충주의 미래 먹거리를 주도하는 성장 기반을 마련하게 될 산단은 △바이오의약품(백신·항체 등) △디지털 헬스케어 △정밀진단기술 △의료기기 등 바이오·ICT 융합 산업이 주력이다. 기존의 지방 산단과는 전혀 다른 고부가가치 구조다. 충북도가 충주를 '중북부 산업 거점'이자 '충북 균형발전 모델'로 육성하겠다는 구상을 세운 것도 이같이 바이오 분야의 첨단산업을 수용할 준비가 되었기 때문이다.

충북에는 기존에 오송 첨단의료복합단지가 자리하고 있다. 그러나 충주 국가산단은 오송과는 다른 성격을 띤다. 오송이 국가기관과 대기업 중심의 연구개발과 규제특구 기능을 담당한다면, 충주는 중소·중견 기업 중심, 산학연 협력, 창업 생태계 조성을 핵심으로 삼는다. 즉, 오송이 연구개발의 본진이라면, 충주는 기술 상용화와 산업화를 담당하는 전진기지로 기능하게 된다. 이는 충주시가 충북 바이오산업 전체의 균형과 확장을 떠받치는 주체임을 의미한다.

따라서 국가산단 조성과 동시에 지역 대학·연구기관·병원과 연계한 산학연 클러스터 구축에 나서야 한다. 입주 기업의 인재 공급뿐 아니라, 창업 지원·기술사업화·연구개발 연계까지 가능한 일괄형 산업 생태계를 조성하기 위해서다. 청년 고용과 정주를 유도하기 위해 근로자 주거단지, 문화·복지 인프라를 병행 건설하는 것도 미래 전략이다. 결국 산업단지의 성패는 부지 조성이 아니라, 지역이 얼마나 인재와 기업을 끌어안느냐에 달렸다.

입주 기업 지원도 지역 정체성을 강화하는 방향으로 추진되어야 한

충주 바이오헬스 국가산단 조감도(자료: 충청북도)

다. 창업 초기 기업과 중소기업에 우선 입지를 배정하고, 세제 혜택·지원금을 통해 특정 유력기업이나 대기업 의존 구조에 머물지 않도록 해야 한다. 청년 인재를 위한 '충주형 인재 순환 구조'도 검토해 봄 직하다. 지역 고교·대학과 국가산단의 기업을 직접 연결해 교육—고용—정주가 이어지는 선순환을 만든다면, 단순한 산업단지가 아니라 지역사회 전체가 함께 성장하는 모델로 자리 잡을 수 있다.

입지 여건 또한 국가산단의 경쟁력을 뒷받침한다. 서충주 신도시와 맞닿은 부지는 중부내륙고속도로, 충청내륙고속화도로와 가깝다. 향후 충북선 철도 고속화, 충주—용인 민자고속도로, 항공물류공항 추진까지 더해지면, 중부내륙권 중심의 물류·산업 허브로서 위상을 확보하게 된다. 이는 산단이 국가정책의 수혜지가 아니라, 스스로 산업과 물류를 연결하는 성장동력의 주체임을 확인시켜 준다.

해결해야 할 과제도 많다. 주민 보상과 이주 과정의 갈등을 최소화하고, 지역 기업과의 소통을 강화해 실제 유망 기업의 입주할 수 있도록 하는 일이 중요하다. 이를 위해 '신뢰 기반의 추진력'이 필요하다. 산업단지가 완공된 이후에도 지역과 청년이 지속적으로 참여할 수 있는 구조를 마련해야만 경제 효과가 충주에도 나타난다. 나아가 충주 바이오헬스 국가산단이 오송과의 차별화된 기능과 역할을 통해 충북 전체 산업 성장과 균형에 도움을 줄 수 있느냐에 성공 여부가 달렸다는 점을 명심해야 한다.

용인 - 충주 민자고속도로는
수도권 게임 체인저

수도권 남부와 직접 교류하는 전략적 거점으로서 충주의 새로운 출발점

충주는 오랫동안 '중부내륙의 거점'이라는 수식어와 함께 교통·물류 중심도시로서의 가능성을 인정받아왔으나 수도권과의 횡적 연결망이 부족해 기능적 거리감이 존재했다. 중부내륙고속도로와 평택-제천 동서고속도로가 지나가지만, 이는 어디까지나 광역적 차원의 우회 노선일 뿐 충주와 수도권 남부를 곧바로 잇는 축은 부재했다. 산업과 생활권의 잠재력에도 불구하고 접근의 다양성 면에서, 20여 년 전 교통 인프라 제약에서 빠지지 않는 소재였다.

이런 상황에서 9월 24일 '용인-충주 민자고속도로'가 한국개발연구원(KDI)의 민자 적격성 조사에 최종 통과한 소식은 단순한 인프라 확충을 넘어 충주 발전의 새로운 전기를 여는 계기가 될 전망이다. 경기 용인시 처인구에서 충북 음성군 생극면 서충주IC에 이르는 약

55km 구간의 이번 노선은 사업비만 2조 5,617억 원에 달하는 대규모 프로젝트다. 국토교통부와 정부는 전략환경영향평가 및 실시계획 승인 등 후속 절차를 거쳐 2030년 착공을 목표로 하고 있다. 충주가 수도권 남부와 맞닿는 새로운 통로가 열릴 것임을 의미한다.

특히 충주로서 이 노선의 연결은 산업적 의미가 크다. 경기 남부권, 특히 110만명의 인구를 가진 용인은 현재 '시스템반도체 국가산단'이 조성 중인 핵심 거점이다. 반도체 산업은 소자·장비·소재 기업이 긴밀히 연결된 공급망 구조를 갖기 때문에, 수도권과 인접 지역의 접근성은 곧 기업 활동의 효율성과 직결된다. 충주는 이미 자동차 전장부품 시험인증센터, 승강기산업 클러스터, 바이오헬스 국가산단, 수소모빌리티 특화단지 등 미래 산업 기반을 갖추고 있다. 여기에 이 고속도로가 열리면, 반도체 벨트와 충주의 신산업 클러스터가 직선 축으로 이어지며 협력과 교류의 시너지가 본격화될 수 있다. 단순한 도로 연결이 아니라, 산업 생태계의 확장이 가능해지는 것이다.

물류 측면에서도 파급력은 막대하다. 그간 충주는 경부 축과 연결된 주요 간선도로가 부족해, 물류 이동이 항상 우회적이거나 중간 기착지를 거칠 수밖에 없었다. 또 개통 20년이 지난 중부내륙고속도로 여주 구간이 교통량 증가로 확장 필요성을 가지던 차였다. 이 같은 상습정체는 기업 유치에서 약점으로 작용한다. 그러나 이 노선이 개통되면, 충주는 수도권 물류의 내륙 거점이자 중부내륙권 물류 분산의 허브로 떠오를 수 있다. 특히 서충주 IC 일대는 교통·산업·주거를 아우르는 신도시와 더불어 고속도로와 연계한 종합 물류단지 조성도 현실적 과제가 될 것이다.

　중부내륙고속철도, 충청내륙고속화도로에 이어 용인-충주 민자고속도로가 연결되면 충주는 철도·도로의 양축을 모두 확보하게 된다. 충주 발전의 걸림돌이었던 '접근성 미비'는 이제 어느 정도 해결의 기미가 보이는 것이다. 이는 충주가 수도권과 기능을 분담할 수 있

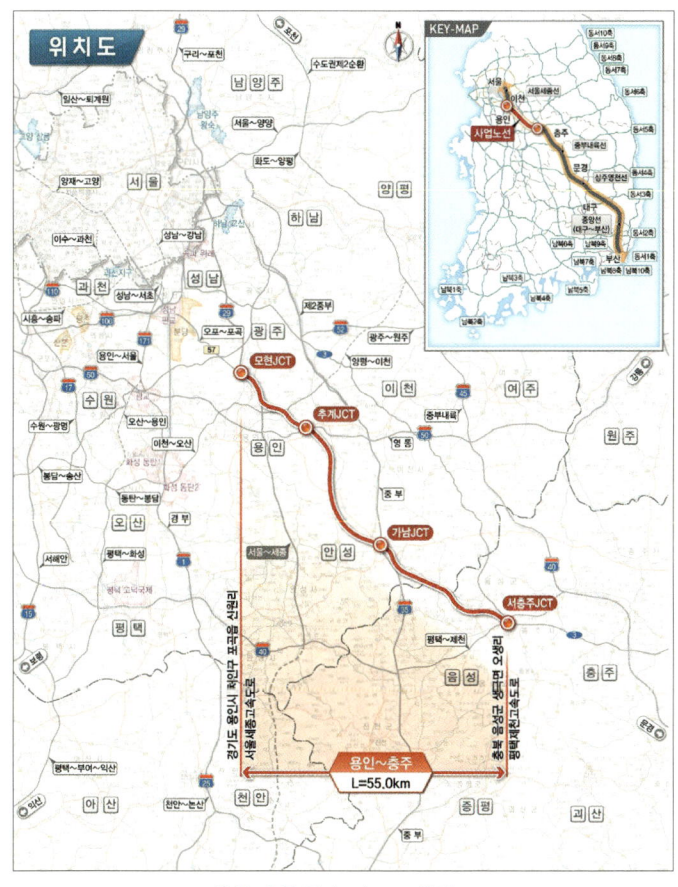

용인-충주 민자고속도로 위치도

는 실질적 기능조건을 갖춘다는 뜻이다. 교통망은 단순히 이동 시간을 단축하는 수단이 아니라, 산업 입지와 인구 구조를 바꾸는 결정적 변수다. 충주가 앞으로 반도체 산업의 보완 거점이자, 바이오·모빌리티·승강기 산업의 내륙 허브로 성장할 수 있는 배경이 바로 여기에 있다.

용인-충주 민자고속도로는 '도로 하나가 지역의 미래를 바꿀 수 있다'는 사실을 확인시켜줄 것이다. 그런 면에서 게임체인저라는 표현을 하고 싶다. 오랜 시간 한반도 중심이라는 지리적 이점을 살리지 못했지만 이번 노선으로 수도권 남부의 산업벨트와 맞닿게 하고, 나아가 물류 중심지로서 독보적 위상을 구축하는 결정적 기회가 될 것이다. 이제 남은 과제는 이 기회를 어떻게 활용하느냐다. 단순한 통행 기능을 넘어, 수도권 남부와의 교류를 통해 산업과 교육, 문화가 집적되는 전략적 거점으로 키워내는 일, 그것을 준비해야 한다.

국악 중심 문화도시 충주

현대적 창조를 전통과 결합해 새로운 문화 정체성을 세우는 작업

2024년, 충주가 마침내 대한민국 문화도시로 지정되었다. 이는 단순한 행정적 성과가 아니라, 오랜 역사와 전통을 가진 충주가 현대적 창조를 결합해 새로운 정체성을 확립했다는 의미다. 그 중심에 뿌리 깊은 국악이 있다. 우륵의 가야금 설화와 탄금대라는 국악 유산은 충주가 '국악의 본고장'으로 불리는 이유이며, 이번 문화도시 사업은 이러한 자산을 현대적으로 재해석하는 과정이라 할 수 있다.

총 200억 원 규모로 추진되는 이번 사업은 올해부터 3년간 진행되며, 창조적 문화환경 조성, 향유 기반 구축, 경쟁력 강화, 앵커 사업 등 4대 분야에서 다양한 프로그램이 펼쳐질 예정이다. 국악 공연과 체험 공간 확충, 청소년 교육, 전문 인력 양성 등이 포함되어 있어 충주는 전통예술을 일상 속으로 끌어들이는 실험장을 갖추게 된다. 이는 단순한 문화시설 확충을 넘어, 시민의 삶 속에서 국악을 경험하고 자긍심을 느낄 수 있는 토대다.

시민 입장에서 이번 문화도시 지정은 곧 자부심의 확장이다. 국악 공연과 교육 프로그램이 본격화되면, 청소년은 전통예술을 배우며 뿌리를 확인하고, 시민은 일상적으로 국악 그리고 다양한 변주 프로그램을 향유할 수 있다. 이는 곧 어디에서 누구에게 든 "내가 사는 충주가 국악이라는 뚜렷한 문화적 정체성을 지녔다"는 자긍심으로 이어진다.

산업 측면에서 관광적 파급력도 주목된다. 국악 체험 프로그램, 축제, 관광 패키지는 충주를 찾는 이유가 될 수 있다. 충주호, 중앙탑공원, 탄금공원 같은 도심·자연 자원과 우륵문화제 같은 행사를 국악 콘텐츠를 연결해 국악 중심 문화관광 도시로 도약할 수 있다. 공연 관람뿐 아니라 국악 악기 제작, 수공예품, 로컬 예술상품 등은 문화가 곧 소득이 되는 구조를 만들어 지역경제에도 활력을 불어넣는다. 특히 상권과 숙박·음식업, 소상공인과의 연계는 '문화가 곧 경제'라는 선순환을 가능케 한다.

문화도시는 완성이 아니라 시작이다. 충주는 국악이라는 전통을 현대적 콘텐츠로 발전시키고, 이를 통해 시민의 삶 속에 문화를 스며들게 해야 한다. 시민은 문화 향유 속에서 자긍심을 얻고, 관광객은 충주만의 독창적 체험을 통해 다시 찾고 싶은 도시로 기억하게 될 것이다.

지금 필요한 것은 행정 지원만이 아니라, 지역 문화인의 적극적 참여와 시민의 동참, 그리고 문화와 경제를 잇는 구조적 설계가 병행되어야 한다. 일회성 이벤트가 아닌, 국악을 중심으로 한 지속 가능한 문화생태계를 조성할 때 충주는 진정한 의미의 문화도시로 도약할 수 있다. 충주가 국악으로 시민의 자긍심을 높이고, 관광의 미래를 열어가는 도시로 자리매김하기를 기대한다.

대한민국 문화도시 선정(자료: 충주시)

미래차 시험인증센터, 충주의 미래를 여는 관문

대기업 파트너십과 국가정책 연동에 부합하는 신개념 성장동력

지난 9월 충주가 새로운 성장동력 확보에 있어 중요한 계기를 마련했다. 주덕읍 기업도시에 '미래차 전장부품 시험인증센터'가 문을 열었다. 전기차와 수소차로 대표되는 미래차 시대는 단순히 동력원의 전환에 그치지 않고 차량을 구성하는 배터리, 모터, 반도체 등 핵심부품이 안전하고 효율적으로 작동하는지를 평가하고, 이를 국제적으로 인증하는 과정이 무엇보다 중요하다.

시험인증센터는 그 과정의 기술적 관문을 제공하며 첨단산업 발전의 발판이 될 것으로 미래차 산업 생태계의 한 축이다. 신기술과 신제품이 시장에 진입하기 위해서는 국제적으로 통용되는 인증 절차를 거쳐야 하는데, 이를 충주에서 진행하게 된 것이다. 당장 관련 기업들이 시간과 비용을 크게 절감할 수 있다는 점에서 향후 충주로의 기업 유치와 투자 확대를 촉진하고, 소재·장비·서비스 등 연관 산업의 집적 효과까지 기대할 수 있다.

물론 이러한 기회를 '성장동력'으로 만들기 위해서는 몇 가지 조건이 필요하다. 우선 대기업과의 협력적 파트너십 구축이다. 미래차 산업은 중소기업 단독으로는 감당하기 어려운 투자와 기술력을 요구하기 때문에, 안정적인 수요와 공급망을 제공할 대기업 주도의 틀이 뒷받침되어야 한다. 또한 배터리·반도체·모터 등 전후방 산업 간의 긴밀한 연계가 필요하다. 시험인증센터는 이러한 융합을 촉진하는 가교역할을 할 수 있는데, 현대모비스 같은 회사가 충주에서 중요한 이유를 설명한다.

아울러 국가정책과의 연동도 중요하다. 전기·수소차 보급 확대, 탄소중립, 에너지 전환은 모두 정부가 추진하는 핵심 의제다. 충주가 시험인증과 클러스터 구축을 이 흐름과 연계한다면 국책사업 지원과 연계된 강력한 추진력을 확보할 수 있다. 역시 수소 암모니아 추출의 기준이 충주에서 선도되고 있어 국가 정책과의 부합을 충족시킨다.

FITI시험연구원이 충주센터를 운영한다는 점도 큰 강점이다. FITI는 섬유, 소비재, 환경, 바이오, 모빌리티, 소재·부품 등 전 산업 분야에서 국제공인 시험능력을 보유한 기관으로, 충주센터는 이를 기반으로 전장부품 산업에 특화된 서비스를 제공할 수 있다. 이는 단순한 지역 거점을 넘어 국내외 기업들이 신뢰할 수 있는 글로벌 수준의 시험인증 허브로 자리매김할 가능성을 보여준다.

다만 기회가 곧 성공을 보장하는 것은 아니라는 점을 명심해야 하

FITI시험연구원 미래차 전장부품 시험인증센터 개소식

FITI시험연구원 건물앞에서

며 병행시켜야 할 과제도 분명하다. 가정 먼저 전문 인력 양성이다. 센터가 들어서더라도 인재가 부족하다면 외부 의존은 불가피하다. 한국교통대학교와 건국대학교 글로컬캠퍼스 등이 관련 학과와 산학협력 프로그램을 확대하고, 청년 인재들이 곧바로 지역 산업 현장에서 활동할 수 있는 구조를 마련해야 한다. 그리고, 연구개발과 창업 인큐베이팅 지원이다. 시험인증을 넘어 새로운 기술 개발과 창업을 뒷받침할 수 있어야 산업 생태계가 지속적으로 성장한다.

충주는 이제 첨단산업이라는 새로운 축을 세워야 한다. 시험인증센터 개소는 시작에 불과하다. 대기업과 중소기업, 대학과 연구기관, 행정과 시민이 힘을 합칠 때, 충주는 중부내륙을 넘어 대한민국 미래차 산업의 중심지로 도약할 수 있다. 성장동력은 스스로 만드는 것이다. 충주가 이번 기회를 제대로 살려 미래차 부분에 지속 가능한 경쟁력을 확보하길 기대한다.

충청내륙고속화도로 전 구간 개통

충주와 청주, 함께 성장하는 산업 전략과 비전 필요

충주와 청주는 충북의 양대 거점 도시다. 그러나 행정·경제·문화적으로 긴밀히 연결되어야 하는 두 도시를 연결하는 실제 도로망은 그 위상에 걸맞지 못했다. 달천에서 주덕, 음성으로 이어지는 구간은 출퇴근 시간마다 상습 정체가 계속되어 왔다. 중부내륙고속도로, 국도 3호선과 국도 36호선의 확 포장 등이 20여 년 전 비슷한 시기에 개통되었지만 주덕 입체 고가, 교통대 사거리, 달천 과선교에서 병목 현상은 여전히 해소되지 않았다. 이는 중장기 수요를 고려하지 않은 당시 간선도로 정책의 한계이기도 했다.

이제 그 불편을 해소할 새로운 길이 열린다. 충청내륙고속화도로 대소원면 신촌 교차로가 개통을 앞두고 있으며 올해 말까지 검단 IC까지 막바지 공사가 한창이다. 이 도로는 충주와 청주의 생활권을 근본적으로 바꾸어 놓을 것으로 평가된다. 단순히 출퇴근 시간을 줄이는 데 그치지 않고, 행정과 산업·교육·문화 전반에서 두 도시 간의 시너지를 창출할 기반이 될 전망이다. 특히 오송국가산단과 충주바이오헬스국가산단을 직접 연결해 첨단 바이오산업 클러스터 형성에 속도가 붙을 것으로 기대된다.

충청내륙고속화도로의 개통은 충주시내와 서충주권의 정주 여건에도 긍정적 변화를 가져올 것이다. 대소원 신촌 교차로 개통에 이어 향후 검단대교로 충주 도심과 연결되면 서충주 벨트의 생활권 다변화와 기업도시의 정주성이 한층 강화될 것이다. 기업도시는 주거·산업·교육 기능이 어우러져야 비로소 성공할 수 있는데, 원활한 교통망은 그 전제 조건이다. 교통대의 위상과 기능 재정립도 교통망 개선과 함께 가능하다. 지역 대학과 기업, 연구기관의 교류가 늘어날수록 교육과 산업은 선순환 구조를 이룰 수 있다.

돌이켜보면 충주와 청주를 연결하는 도로망은 오랫동안 부진했다. 산업화 시대에 고속도로와 국도가 확충되었지만 충북 내륙을 관통하는 직결 노선은 늘 후 순위로 밀렸다. 두 도시는 같은 광역권에 있으면서도 경제적·문화적 교류가 원활하지 못했고, 이는 충북 발전의 구조적 한계로 작용했다. 충청내륙고속화도로는 이러한 한계를 해소하는 실질적 해답이 될 수 있다.

전 구간이 개통되면 충주와 청주는 충북을 남북으로 연결하는 실질적 '쌍두마차'로 거듭날 것이다. 산업적으로는 오송의 바이오·의약 산업과 충주의 바이오헬스·미래차 부품 산업이 결합해 연구개발, 생산,

충주와 청주를 연결해줄 충청내륙고속화도로. 연말 완공을 목표로 공사중이다.

유통을 아우르는 클러스터를 형성할 수 있다. 물류적으로는 충북 내륙을 거점으로 한 수출입 경쟁력이 강화되며 충북 경제의 위상이 높아질 것이다. 생활권 차원에서도 두 도시의 문화·교육·의료 자원이 서로 보완되어 주민들의 삶의 질을 높이는 계기가 될 것이다.

물론 과제도 남아 있다. 새로운 도로망이 교통난 해소와 물류 효율성에만 머문다면 진정한 의미를 발휘하기 어렵다. 충주와 청주가 함께 성장하려면 산업 전략과 도시 계획을 연계한 구체적 비전이 필요하다. 기업 투자 유치와 정주 여건 개선, 청년 인구 유입을 위한 일자리 정책이 병행돼야 한다. 또한 지역사회가 교통망 확충의 효과를 고르게 누릴 수 있도록 행정과 주민이 함께 참여하는 거버넌스도 마련되어야 한다.

연말까지 공사가 안전하게 마무리된다면 충청내륙고속화도로는 단순한 도로를 넘어 충북 발전의 핵심 축이 될 것이다. 충주는 중부내륙의 산업 중심도시로, 청주는 도청 소재지로서 행정 중심으로 각자의 기능을 지니고 있다. 이제 이 두 도시가 물리적으로 가까워지는 만큼, 경제와 문화, 교육과 생활에서 실질적 협력 관계를 강화해야 한다.

발티터널을 지나 악어섬으로

웰니스·힐링 그리고 문화와 예술을 접목한 체류형 종합휴양단지

충주 살미면 내사리, 악어가 물속으로 들어가는 형상처럼 보이는 '악어섬 봉우리'에서 북쪽 건너 재오개 방향으로 계획 중인 종합 휴양단지는 단순한 휴양지가 아니라 충주 관광의 새로운 전환을 마련할 수 있는 곳이다. 충주 시내에서는 발티터널을 지나 우측 살미 방면으로, 또 수안보 방면과 단양으로 연결되는 19번 국도에서도 접근할 수 있는 입지는 지리적 매력과 도로 여건을 동시에 갖추고 있다.

그렇다면 이곳을 다른 관광지와 차별화시킬 수 있는 컨셉트는 무엇이며, 실제로 어떤 가능성을 지닐까 살펴본다. 충주는 이미 수안보 온천, 탄금대, 충주호, 중앙탑 사적공원 등 다양한 관광지를 보유하고 있다. 하지만 이들 대부분은 '역사·문화유산 중심 관광' 혹은 '레저와 힐링의 공간'으로 단기간 기능하고 있어, 종합적 체류형 관광지로는 한계가 있다.

따라서 악어섬 인근 휴양단지가 지향해야 할 차별성은 자연 생태와 문화 스토리텔링, 그리고 장기 체류가 가능한 복합형 공간으로의 기획이다. 단순히 숙박시설과 레저시설을 모아놓는 방식이 아니라, 충주의 지형과 전설, 그리고 현대적 웰니스 트렌드를 결합한 '스토리텔링 휴양단지'로 방향을 잡아야 한다는 뜻이다.

그렇다면 자연 지형을 적극적으로 활용한 친환경 생태관광이 핵심이다. 악어가 물속으로 들어가는 듯한 봉우리 형상은 그 자체가 하나의 상징이고, 이곳을 중심으로 생태 트레킹 코스, 전망대, 수변공원을 조성한다면 관광객들에게 독창적 경험을 줄 수 있다. 단순한 산책로가 아니라 "악어섬 이야기길"처럼 이름 붙여, 지역의 지명과 소소

악어섬 일대 종합휴양단지는 자연 생태·웰니스·문화 스토리텔링을 결합해 차별화해야 한다.

한 이야기를 연결한다면 휴양가치와 문화적 매력을 동시에 확보할 수 있다.

기존 관광지와 차별화되는 웰니스·힐링 콘셉트도 필요하다. 수안보 온천이 치료와 피로 회복 중심의 휴양지라면, 악어섬 휴양단지는 명상·요가·숲 치유·수水테라피 같은 심리적 안정과 재충전을 전면에 내세울 수 있다. 특히 코로나 팬데믹 이후 '마음 치유 관광' 수요가 크게 늘어난 만큼, 이곳을 한국형 '명상센터'로 자리잡는 것도 의미가 있다. 충주호와 연계한 수상 레저, 사계절 온천수 활용, 자연식 식단 제공 등도 더해진다면 종합적인 웰니스 단지가 될 수 있다.

나아가 문화와 예술을 접목한 체류형 콘텐츠를 시도해 볼 만하다. 충주는 국악의 고장이며, 최근 문화도시로 지정된 만큼 지역 예술인과 협력해 '숲속 음악제' '국악 힐링 콘서트' 같은 프로그램을 정례화할 수 있다. 자연 속에서 문화예술을 접목하면 다른 지방의 단순 레저형 리조트와 확연히 차별화된다. 또 지역 농산물을 활용한 체험형 식문화 프로그램, 지역 이야기를 소재로 한 야간 미디어파사드 공연 등을 기획하면 가족 단위와 핫 스팟을 선호하는 젊은 층 모두를 끌어들일 수 있다.

교통 접근성과 연계 관광의 확장성도 큰 가능성을 제공한다. 시내에서 발티재를 넘어 접근할 수 있고, 중부내륙고속도로 수안보 방면에서도 연결되기 때문에 기존 관광 동선을 자연스럽게 이어갈 수 있다. 충주호 관광, 수안보 온천, 탄금대 역사공원, 중앙탑 문화재 지구와의 연계 패키지 상품을 만든다면 체류 시간이 길어지고, 지역 경제

효과도 확대될 것이다.

결론적으로 악어섬 일대 종합휴양단지는 자연 생태·웰니스·문화 스토리텔링을 결합해 차별화해야 한다. 단순한 숙박지나 유흥형 리조트가 아닌, "충주다운 휴양의 본산"으로 기획할 때 비로소 전국적 경쟁력을 확보할 수 있다. 이는 자연과 역사, 그리고 현대적 치유 트렌드를 종합적으로 담아내는 공간으로 발전할 때 가능하다. 이 기회를 어떻게 살리느냐에 따라, 악어섬을 연계한 종합휴양단지는 단순한 지역개발사업이 아니라 충주 관광의 미래를 여는 관문이 될 것이다.

목계나루, 상업과 놀이가 어울린 복합 문화의 중심

강(江)의 도시 충주의 원형, 삶과 예술이 흐르던 자리

충주 엄정면에 위치한 목계나루는 조선시대 내륙 수운의 중심지로, 남한강을 따라 한양을 잇는 교통과 물류의 요충지였다. 수십 척의 배가 오가며 곡물과 목재, 소금과 고기 등의 물자가 이곳을 통해 교류되었다.

나루 인근에는 창고와 주막, 상점이 즐비했고, 장날이면 상인과 마부, 뱃사공, 농민이 어우러져 흥겨운 소리판이 벌어졌다. 이처럼 전국 5대 나루로 꼽히던 목계는 단순한 물류 거점이 아니라, 상업과 놀이가 어우러진 복합 문화의 중심이었다.

조선 후기의 기록에도 "목계는 내륙의 삼남을 통하는 수운의 목"이라 할 만큼 충주의 번영을 상징하는 공간이었다. 이곳에서 유통된 물산과 문화는 충주의 도심까지 활력을 불어넣었고, 그 활기는 충주의 정체성과 자부심으로 이어졌다.

우리가 다시 목계나루를 주목해야 하는 이유는 단지 과거의 번영을 추억하기 위함이 아니라, 그 안에 깃든 공동체적 흥과 삶의 미학을 오늘의 문화로 되살리기 위함이다.

이런 목계의 풍경은 시인 신경림의 「목계장터」에서 다시 살아난다. "장터엔 장꾼이 모여들고, 흥정과 사연이 강바람에 얹혀 흐르는 곳…" 그의 시 속 목계는 사람 사는 냄새와 정이 서린 한국 서정의 한 풍경이다. 문학을 통해 목계는 전국적인 상징이 되었다.

오늘날 목계는 다시금 문화와 사람을 부르는 공간으로 변모하고 있다. 해마다 열리는 '목계 별신제'는 그 대표적인 축제다. 마을의 안녕과 풍년을 기원하던 전통 행사가 현대적 축제로 재탄생해, 강변에서 별신굿과 상여놀이, 목계 뱃소리와 동서편 줄다리기 등이 어우러진다.

별신제의 흥겨운 장면들은 과거 장터의 신명과 맞닿아 있고, 지역 주민뿐 아니라 외지 관광객에게도 큰 호응을 얻는다. 나루터와 강, 마을이 함께 어우러지는 이 축제는 목계의 옛 영광을 오늘의 삶 속으로 되살리는 '살아있는 문화유산'이다.

여기에 '목계나루 뱃소리'가 무형문화 육성 발굴사업으로 지정되어 중원 민속보존회를 중심으로 내용과 형식의 체계화가 이루어지고 있다. 나루터 아래 목계솔밭은 이제 전국 차박 여행자들의 '성지'로 불린다. 울창한 소나무 숲 사이로 남한강 물안개가 피어오르고, 새벽이면 물새가 날아드는 풍경은 마치 한 폭의 수묵화 같다.

목계는 강江의 도시 충주의 원형이며, 삶과 예술이 흐르던 자리다. 과거 번성했던 장터가 오늘 축제의 장으로 이어질 때, 충주는 다시 강에서 바다로 나가는 열린 도시가 된다. 그 유산을 이어 충주의 번영과 문화가 세상으로 퍼져나가길 바란다.

목계 별신제 중에서 줄다리기

2천 년 세월을 건너뛴 하늘재 둘레길

미륵길 관음길 따라 불교 기반의 한국형 산티아고

충주시 수안보와 경북 문경 사이의 하늘재는 기록으로 확인되는 우리나라에서 가장 오래된 길이다. 《삼국사기》에는 신라 아달라왕 3년(서기 156)에 북진을 위해 개척되었다고 전하며, 백두대간을 넘는 고갯길 가운데서도 가장 먼저 열린 길로 소개된다. 오늘의 하늘재는 해발 약 520~525m의 완만한 고개지만, 한반도 남북을 잇는 교통·문화의 관문이었다. 미륵리(충주)와 관음리(문경)라는 지명만으로도 불교적 상징이 겹겹이 쌓인 곳이다.

문헌과 지형, 지명 스토리가 한 데 모이는 이 길은 '미륵길'과 '관음길'로 나뉘어 걷기 동선과 서사를 짤 수 있다. 미륵은 미래불, 관음은 자비의 화신으로, 길 자체가 "치유(미륵)와 위로(관음)"라는 이중의 메시지를 품는다. 국가 명승으로 지정된 하늘재 옛길과 미륵리 사지 유적은 서사의 실물 무대다. "가장 오래된 길 위의 가장 오래된 절터"라는 문구가 자연스레 붙는다.

관광 트렌드 역시 하늘재에 우호적이다. 한국관광 데이터에 따르면 걷기 여행 수요는 꾸준히 확대 중이고, 정부도 스탬프 투어·여행자 여권 등 '길 브랜드화' 정책을 밀고 있다. 이는 코리아둘레길과 연계한 체류형 소비를 촉진하려는 흐름이다.

모델은 산티아고 순례길이다. 산티아고는 '크레덴시알(순례자 여권)'로 인증을 쌓고, 구간 숙박(알베르게)·완주증서·노란 화살표 표식 등 표준화된 이용 경험을 설계해 세계인의 발길을 붙잡았다. 단순 걷기가 아니라 "인증받는 여정"이기에 경제적 파급이 크다. 하늘재도 '충주-문경 순례자 여권'과 구간 스탬프(사찰·주막 콘셉트 카페·전통시장·온천)를 도입해 완주 인증과 기념 메달·기부 뱃지를 제공하면 된다.

콘텐츠는 불교 서사와 삼국사 스토리로 풍성하게 채울 수 있다. 하늘재가 신라의 북진로였다는 사실, 새재 개통 후에도 민회의 길·장정의 길로 쓰였다는 이야기를 길쉼터에서 짧은 에피소드 카드로 풀고, '미륵의 약속(미래를 위한 맹세)', '관음의 청원(누군가를 위한 염원)' 같은 참여형 의식을 마련한다. 아이를 동반한 가족에게는 탁본 체험·전통 매듭·하얀 손수건 페인팅(이별의 상징을 응원으로 전환) 같은 소규모 프로그램을 붙인다.

이미 시행하고 있는 도시의 길 정책도 참고하자. 인천은 종교·역사 자원을 엮은 '성지순례길 모바일 스탬프투어'로 선택형 코스를 제공해

"나만의 순례길"을 만들게 했다. 하늘재도 이용자 취향에 맞춰 '온천형·명상형·패밀리형' 코스를 제시하고, 완주 리워드를 차등화하면 재방문이 늘어난다.

하늘재는 "가장 오래된 길"이라는 권위, 불교 서사, 온천·옛길·수변 경관이라는 하드웨어를 이미 갖추었다. 남은 것은 '경험의 표준화'와 '인증의 재미'다. 미륵길·관음길을 축으로 삼아 스토리·표식·여권·스탬프·숙박·온천을 촘촘히 엮으면, 하늘재는 전지훈련장을 넘어 일상 치유의 성지, 한국형 산티아고로 자리매김할 수 있다. 길은 오래되었지만, 경험은 새로워질 수 있다. 그리고 그 새로움이 지역의 체류·소비·일자리를 길 위에 남길 것이다

오랜 역사의 숨결을 간직한 하늘재

PART
3

경쟁력과 가능성을 찾다, 산업진흥

관광도시 단양의 교훈, 충주가 배울 점

'양보다 질', 체류형 관광을 위한 전환이 필요한 때

2024년 기준 충북 단양군의 체류 인구는 약 19만5천 명에 달한다. 주민등록상 인구의 7배가 넘는 사람들이 매달 단양에서 최소 3시간 이상 머물렀다는 의미다. 단양은 천혜의 자연 자원을 기반으로 이를 재설계하고 콘텐츠화하며 충북을 대표하는 체류형 관광도시로 성장했다. 반면 인구, 산업, 교통 측면에서는 단양보다 유리한 조건을 가진 충주가 관광 분야에서는 상대적으로 두각을 드러내지 못하고 있다. 이 차이는 어디에서 비롯된 것일까.

충주는 역사와 교통의 요충지다. 고구려비, 탄금대, 중앙탑 같은 역사 유산과 조정경기장, 활옥동굴, 수안보온천, 계명산 등 자연 자원을 고루 갖췄다. 중부내륙고속도로와 고속 철도망 등 입지 경쟁력과 접근성 또한 높다. 그러나 현실은 냉정하다. 충주는 여전히 '스쳐 가는 도시'에 머무르고 있다. 많은 관광자원이 있음에도 이를 묶어내는 스토리 또는 체류 동기를 만들어내지 못해 개별 명소 중심의 소모성 관광에 그치고 있다. 관광은 단순한 '볼거리'가 아니라, 머물고 싶은 이유를 설계하는 '도시 경험'임을 보여주는 대목이다.

반면 단양은 지난 10여 년간 일관된 방향성을 가지고 도시를 리모델링했다. 도담삼봉, 단양팔경 같은 전통 명소에 머무르지 않고, 만천하 스카이워크나 잔도 길처럼 기존 지형을 창의적으로 재해석한 시설을 통해 새로운 체험을 설계했다. 심지어 구경시장 같은 생활공간조차 콘텐츠화해 관광 동선에 녹여냈다. 행정, 주민, 전문가 그룹이 장기적으로 협업하면서 일회성 이벤트가 아닌 지속 가능한 관광 생태계를 구축한 점이 주효했다. 최근 추진 중인 소백산 유스호스텔 재개

체류형 관공도시로 발전한 단양(자료: 한국관광공사)

발도 그러하다. 낡은 숙박시설을 힐링과 치유 테마로 전환해, 단순 숙박을 넘어 지역 관광의 새로운 흐름을 만들어가고 있다. 이는 예산 투입만으로는 불가능하다. 도시 전체가 '경험 설계'라는 하나의 관점으로 작동해야 가능한 결과다.

충주는 수많은 가능성에도 불구하고 관광정책이 이벤트 중심에 갇혀 있다. 대표축제인 우륵문화제 같은 경우 인지도는 높지만, 매년 같은 형식에 머물러 체류인구 확대나 지역 경제와의 연결고리는 약하다. 방향성보다는 형식에 치우친 기획으로 비판받는다. 더 큰 문제는 관광과 상권, 문화예술, 주민 생활이 유기적으로 연결되지 못한다는 점이다. 단양이 구경시장과 관광 루트를 하나의 스토리로 엮었다면, 충주는 전통시장·식당·숙박·관광지가 각각 분절된 채로 운영되고 있어 머무는 동선을 만들지 못한다.

단양의 성공은 "무엇을 보여줄 것인가"보다 "왜 사람들이 이곳을 찾는가"라는 질문에 먼저 답한 결과다. 충주도 관점의 전환이 필요하다. 현재 충주는 자원이 부족한 것이 아니라, 자원을 다루는 시각과 방식이 한계에 부딪혀 있다. 특히 정부의 정책 기조가 '중앙 주도-지역 실행'에서 '지역 주도-중앙 지원'으로 바뀐 만큼, 충주는 스스로 도시 경험의 틀을 짜야 한다.

충주에는 여전히 기회가 많다. 충주호와 탄금호의 세계조정경기장과 중앙탑, 탄금대와 국립충주박물관, 수안보온천과 앙성 비내숲 등 수많은 자원이 존재한다. 다만 이것을 '하나의 흐름과 이야기'로 엮어내고, 사람들이 시간을 보내고 싶은 공간으로 재해석하는 일이 시급하다. 충주가 관광도시로 도약하려면 이벤트성 접근에서 벗어나, 거주와 체류가 결합된 전략이 필요하다.

충주 관광의 성패는 "스쳐가는 도시"에서 "머무는 도시"로 변화할 수 있는가에 달려 있다. 자원을 단순히 나열하는 데 그치지 않고, 이를 체류형 경험으로 설계해내는 순간, 고유의 잠재력을 발휘할 수 있다. 지금 필요한 것은 더 많은 자원이 아니라, 더 정교한 이야기와 전략이라는 점이다.

미래를 떠받치는 핵심 성장축, 승강기 클러스터

첨단 제조·기술혁신·인재 순환이 맞물린 산업도시의 모델

충주가 첨단 산업도시로의 전환을 모색하는 중심에는 국내 1위 승강기 기업인 현대엘리베이터의 본사·공장 이전과 함께 본격화된 승강기 산업 클러스터가 있다. 2022년 충주 제5일반산업단지에 3,300억 원 규모의 투자를 단행한 현대엘리베이터는 스마트팩토리, 연구개발센터, 물류센터를 준공하고, 2025년 5월에는 250m 높이의 테스트 타워 '현대 아산타워'를 세움으로써 충주를 글로벌 수준의 엘리베이터 제조·기술 거점으로 끌어올렸다.

자동화율 78%에 달하는 스마트공장은 빅데이터·AI·IoT·로봇 자동화를 결합해 연간 생산량을 3만5천 대까지 가능한 생산력을 증명했다. 현대엘리베이터는 이를 기반으로 2030년까지 글로벌 Top 5 승강기 기업 진입, 해외 매출 비중 50% 확대를 목표로 하고 있다. 단순 제조에 머물지 않고 인도어 모빌리티와 스마트 빌딩 플랫폼 사업으로까지 확장하는 비전이 충주에서 실현되고 있다는 점에서 그 의미는 더욱 크다.

이 같은 첨단 기업의 이전은 충주 산업 생태계 전반에 깊은 파장을 일으켰다. 우진전장·삼진기업·성진기업 등 협력사들이 동반 이전했고, 300여 개 협력사 가운데 일부는 충주와 인근 지역에 진출을 검토 중이다. 충주시는 '승강기산업 육성 및 지원 조례'를 제정했고, 충북도는 '북부권 승강기 산업거점 조성계획'을 위한 용역을 추진하며 제도적 기반을 다지고 있다.

지역 협력으로 주목할 사례는 충주공업고등학교가 승강기 과목을 정규 교육에 편성했다는 점이다. 2023년 개설된 이 과목은 승강기 설

충주 현대엘리베이터의 본사와 공장

치·정비 전문기술인을 양성하는 교육 과정으로, 현대엘리베이터와 산학협력 MOU 체결, 현장실습 프로그램 운영, 졸업 후 채용 연계까지 체계적으로 진행된다. 학생들은 테스트 타워 실습과 스마트공장 견학을 통해 첨단 산업 기술을 체득하고 있으며, 이는 곧 지역에서 배운 인재가 지역에 정착하는 로컬 기반 첨단 인재 양성 모델로 자리 잡고 있다.

충주의 승강기 클러스터는 단순 기업 집적을 넘어, 교육기관·지자체·공공이 협력하는 복합 산업 생태계로 발전하고 있다. 청년 기술인력 정착을 위한 주거 지원, 취업 연계형 기술교육, 지역대학과의 공동연구 확대는 장기적인 인력 순환 구조를 마련하는 핵심 동력이 될 것이다.

산업적 효과도 뚜렷하다. 테스트 타워와 스마트 팩토리는 신기술 실증과 인증 거점을 충주에 정착시켜 기술혁신 중심지로 만들고 있으며, 협력사 상생 기금, 무상 기술 이전, 안전교육 등을 통해 중소기업 경쟁력도 향상되고 있다. 또한 현대엘리베이터 충주공장은 태양광 기반 친환경 에너지 설비를 도입해 ESG 경영을 실천하며, 충주가 탄소중립형 산업도시로 자리매김하는 데 기여하고 있다.

앞으로 이 클러스터 효과를 확산하기 위해서는 공공부문에서 지원해야 할 일이 많다. 국제박람회와 기술 컨퍼런스 유치, 스마트시티 기반의 공공 인프라 구축, 충주호 수변과 연계한 기업연수원 및 청년 창업센터 유치 등을 검토할 수 있다. 이렇게 산업·문화·인재가 균형 있게 확장될 때 충주는 미래지향적 도시 경쟁력을 더욱 단단히 확보할 수 있다.

  현대엘리베이터의 충주 이전은 단순한 공장 건립을 넘어 도시 DNA 자체를 바꾸는 전환점이다. 여기에 충주공고와 같은 현장 중심의 교육기관, 나아가 한국교통대에서 관련 학과를 개설해 인재 양성에 나서게 되면 충주는 첨단 제조·기술혁신·인재 순환이 맞물린 지속 가능한 산업도시 모델을 이룰 수 있다. 충주시도 이 흐름을 전략적으로 이어 나감으로써 승강기 산업 클러스터를 충주의 미래를 떠받치는 핵심 성장축으로 키울 수 있을 것이다.

충주사과, 다시 희망의 윤기가 흐르다

과수화상병 대처와 신품종 보급으로 과수 기반 전환의 계기 마련

어릴 적, 지금 신연수동 갱고개로 오른편 구릉은 거의 사과 과수원이었고 지금 주공 6단지 옆으로 광산 고갯길 지나 용탄 집으로 걸어 다녔던 기억이 있다. 또 충주를 다녀간 지인들이 의외로 인상 깊게 느꼈다고 얘기하는 곳이 달천 사거리 주변의 사과 가로수길이다.

오래전부터 충주가 '사과의 고장'으로 불려온 데는 중부내륙의 분지라는 천혜 입지, 비옥한 토양, 큰 일교차 덕분이다. 그렇게 충주사과는 맛과 품질에서 전국적인 명성을 얻었고, '충주 하면 사과'라는 인식이 널리 퍼지기도 했다.

이런 명성 뒤에는 1985년 충주댐 건설 이후 생육 조건 변화에 본격적으로 대처한 노력이 있다. 댐 수면에서 생기는 안개가 착색과 당도를 영향을 미친 점 그리고 지구온난화로 달라진 사과 생육 환경에 적절히 대응한 것이 주효했다. 그러나 최근 결정적 고비가 있었다.

2018년부터 전국을 강타한 과수화상병으로 충주에서만 300헥타르가 넘는 사과밭이 매몰 처리되면서 충주사과 브랜드의 위상도 흔들릴 수밖에 없었다.

이 위기에 과수농가와 충주시는 다시 사과 산업을 살리기 위한 전방위 지원책에 협력했다. 올해만 20억 원이 넘는 예산을 투입해 시설 현대화와 신규 과원 조성에 나서고 있다. 1차 목표는 재배 면적을 다시 1000헥타르 수준으로 회복하는 것이다. 신규 과원에는 헥타르당 최대 6천만 원을 지원하며, 특히 병충해에 강하고 노동력을 절감할 수 있는 미래형 과원을 조성해 지속가능성을 확보하려 한다.

눈에 띄는 변화는 신품종 '이지플' 도입이다. 농업기술센터는 과수 현장에서 설명회를 열고 본격적인 보급에 나섰다. 이지플은 당도가 높고 저장성과 식감이 뛰어나 소비자 선호도가 높다고 한다. 프리미엄 브랜드로 성장할 가능성이 큰 품종으로 농촌진흥청과 협력해 선점권을 확보하고 지역 단지화를 추진 중이다.

중장기 계획도 마련됐다. 2026년부터 2028년까지 농림축산식품부 공모사업을 통해 20헥타르 규모의 스마트 과수원 단지를 확보하고, 2030년까지 재배 면적을 대폭 확대할 방침이다. 단순히 규모를 늘리는 데 그치지 않고, '전국 최고 사과 주산지'로 다시 도약하겠다는 강한 의지다. 그래도 과수화상병은 여전히 최대 위험 요소다. 한번 발병하면 치료가 불가능하고, 감염된 나무는 뽑아내야 한다. 선제적 방역과 예찰을 강화하고 내병성 품종 보급과 농가 교육을 병행하며 재해에 슬기롭게 대처할 대응 체계를 세우는 것이 방편이다.

충주사과는 기후와 재배기술, 지역 브랜드 파워가 결합되어 전국적으로 유명해진 사과이다.

사과는 충주의 상징이고, 농가의 주요 소득원이다. 지금은 위기를 겪고 있지만, 그 대응은 단순 회복이 아니라 과수농업의 기반을 바꾸려는 것을 목표로 하고 있다는 점이 고무적이다. 충주사과가 다시 전국 소비자의 입맛을 사로잡고, 농가에 희망의 열매가 되길 바란다. 그 가능성은 농업 기술력, 무엇보다 농가의 의지와 행정의 뒷받침에 달려 있다. 사과의 고장 충주를 알리는 일선에서 고군분투하는 과수농가에 힘찬 박수를 보내드린다. 충주사과, 그 붉은 과실 위에 다시 희망의 윤기가 흐른다.

자영업 정책, 일방 지원에서 자립 강화로

경쟁력, 디지털, 협업 등으로 품질과 서비스 개선 해야

 자영업자의 경쟁력은 도시 소비생활의 품질을 지탱하는 기초 경쟁력이다. 2023년 말 기준 충주에서는 종사자 1인 이상 사업체를 대상으로 한 조사에서 약 3만여 개소로 알려졌다. 충주의 생활·서비스 생태계가 결코 작지 않음을 보여주는 지표다. 소매·음식·개인 서비스 중심의 소상공인 분포가 두텁고, 전국적으로도 1~4인 영세 사업체 비중이 압도적인 구조라는 점을 감안하면 충주의 자영업도 인력·임차·원가 압력에 민감한 체질임을 알 수 있다.
 문제는 '장사 잘되는 구역이 더 잘되고, 나머지는 숨이 가쁘다'는 공간 불균형이다. 호암·연수 신도시 축에서 소비가 집중되고, 원도심은 공실과 유동 인구 부족으로 경쟁력이 약해졌다. 여기에 온라인 주문·배달 시스템 구조, 에너지·식자재 가격 변동성, 최저임금·법정수당

준수에 따른 인건비 부담, 숙련 인력 구하기의 어려움이 겹친다. 무엇보다 창업·폐업 순환이 빨라지면서 '브랜드·단골·데이터' 같은 무형자산을 쌓을 시간을 벌기 어렵다. 소상공인 금융은 보증 중심으로 버티고 있지만, 매출 회복이 늦어지면 대출 구조가 곧바로 현금 리스크로 돌아올 수 밖에 없다.

그렇다면 해법은 무엇일까. 충주 같은 중소도시의 자영업은 인구 감소와 고정비 부담, 대형 프랜차이즈와의 경쟁 등으로 어려움을 겪고 있다. 특히 연로한 자영업자나 본인 인건비조차 확보하지 못하는 영세한 구조가 문제를 심화시킨다. 이를 극복하기 위해서는 먼저 경쟁력 전략이 필요하다. 품질과 서비스의 일관성으로 업소 자체의 경쟁력이다.

다음으로, 디지털 전환을 통해 고객 접점을 넓혀야 한다. 온라인 판매와 배달 플랫폼, SNS 홍보를 적극 활용하는 단골 관리로 충성 고객을 확보해야 한다. 끝으로, 비용 절감과 공동 대응이 필요하다. 원재료 공동구매나 공유 인프라로 운영비를 낮추고, 지자체 지원사업을 활용해 취약한 경영 기반을 보완해야 한다. 결국 경쟁력, 디지털, 협업을 바탕으로 영세성과 고령화의 한계를 넘어서는 돌파구를 찾아야 한다.

여기에 무엇보다 중요한 것은 지원 정책의 방향성이다. 지금까지 자영업 지원은 대체로 행정이 일방적으로 설계해 보증·보조·교육을

'제공하는 방식'에 머물렀다. 이는 단기적 숨통을 틔우는 데는 효과가 있었지만, 근본적 체질 개선을 이끌기에는 한계가 분명했다. 진입장벽이 낮아 누구나 시작할 수 있는 자영업은 과다 경쟁과 높은 폐업률을 동반한다. 따라서 행정의 단편적 구제책만으로는 지속가능성을 담보하기 어렵다.

이제는 정책이 '외부의 보호'에서 '내부의 자립'으로 전환해야 한다. 자영업자가 스스로 데이터를 활용하고, 업종별·상권별 협동조합이나 네트워크를 구성해 공동구매·공동마케팅을 실행하며, 자발적 품질·서비스 개선을 일상화하는 구조로 진화해야 한다. 행정은 이 과정을 촉진하고 제도적 기반을 마련하는 조력자 역할에 집중해야 한다.

자영업의 흐름을 인체에 비유하면 말초혈관으로 볼 수 있다. '한 가게'의 문제가 아니라 '한 도시'의 생활 인프라다. 충주는 내륙 교통축을 갖추고, 산업·교육·문화의 삼중 자원을 보유한 도시다. 지금 충주 자영업이 필요한 건 특혜가 아니라, 도시 정체성과 일상의 소비를 정교하게 연결하는 운영 설계다. 그리고 궁극적으로는, 행정의 '지원'이 자영업 내부의 '자립'으로 바뀌어야 충주의 지역경제가 더욱 튼튼하게 된다.

충주 LNG 발전소가 남긴 교훈

다수를 위한 정책 명분과 소수 주장의 합당성

 지난봄부터 여름까지 격렬한 논란에 휘말렸던 서충주 드림파크산업단지 발전소 문제가 일단락되었다. 한국동서발전이 충주시의 동의를 얻어 500MW급 수소·LNG 복합발전소를 세우겠다던 계획은 주민 반발과 절차적 문제로 결국 2025년 8월 협약이 포기됐다. 그러나 갈등의 흔적은 남아 있고, 앞으로 지역이 어떤 방식으로 큰 사안을 다뤄야 하는지 묵직한 질문을 던지고 있다.

 발단은 2023년 7월 양측이 체결한 업무협약 이후 2025년 2월 산업부에 전기사업 허가가 신청됐다. 전기위원회는 5월과 7월, '부지 확보와 주민 수용성 부족'을 이유로 심의를 보류했다. 이 과정에서 충주시는 전력 자립률 향상, 산업단지 확대, 1조 원대 경제효과를 근거로 필요성을 강조했지만, 주민과 시민단체는 환경오염과 안전 위협을 문제

삼았다.

주민들은 발전소 예정지가 생활권과 너무 가깝다는 점을 지적했다. 최신 저감 기술을 적용한다 해도 대기오염물질, 소음, 폭발 위험에서 자유로울 수 없다는 불안을 내세웠다. 일부는 탄소중립을 내세우는 충주시가 LNG 발전소를 추진하는 건 모순이라며 정면 비판했다.

충주시 입장은 발전소 건립이 지역 산업 발전을 위한 필수 조건이라는 것이다. 현재 충주의 전력 자립률은 32.4%로 발전소가 완공되면 자립률은 114%로 상승할 것으로, 향후 바이오헬스 국가산단, 기업도시 확장 등 대규모 산업단지에 안정적 전력공급 기반이 된다는 논리다. 여기에 현재 추진 중인 용인 스마트반도체 국가산단에 전기

충주시 발전사업부지

를 공급하는 용도까지 더해 LNG발전소가 국가의 전략적 산업에서 차지하는 위상도 거론되었다. 충주로서는 단위 사업으로 유례없는 대형 프로젝트라는 점이라는 것이다.

이 사태가 보여준 건 '절차의 정당성'이다. 에너지 인프라 구축 필요성 자체는 인정되지만, 추진 주체가 주민의 알 권리를 배제했다는 불신 그리고 산업단지 승인계획의 배치계획에 발전소가 없이 전기위원회 인가를 받으려 한 점도 지적된다.

협약은 무산됐지만, 교훈은 분명하다. 지역 주민의 건강과 지역 환경에 영향을 미치는 사안은 공론 과정을 충분히 거쳐야 한다는 것이다. 절차적 과정과 객관적 근거가 기본이 되어야 한다. 그래야만 불필요한 갈등을 줄이고 행정에 대한 신뢰를 유지할 수 있다. 그리 보면 LNG 발전의 필요성 자체와 효과와 영향에 대한 알림이 다소 부족하지 않았나 싶다. 부지 입지나 규모에 대해서 시민사회와 다시 검토할 수 있는 여지를 열어두었어야 한다.

결국 충주 발전소 논란은 단순한 입지 문제가 아니었다. 누가, 어떤 방식으로, 무엇을 위해 결정하는가 라는 근본적인 질문이었다. 지역 발전과 경제적 측면 등에서 도시 전체의 이익을 고려한다면 소수가 주장하는 시민 안전과 건강에 대한 객관적 근거가 분명했어야 한다. 소수 주장이 전체의 이익에 납득되는가에 석연치 않은 부분이 있다. 발전소 추진은 결국 중도에 멈췄다. 이번 일로 우리는 지역의 미래를 좌우할 중요한 사안일수록 공론 속에서, 다수 시민의 눈높이에 맞추어 추진해야 한다는 교훈을 남겼다.

수안보온천의 부활

전통 휴양지에서 고부가가치 복합관광지로 업그레이드

수안보는 한때 '왕의 온천'이라는 명성과 함께 전국적인 관광지로 각광받았다. 내륙 유일의 자연 용출 온천수로 유명했던 이곳은 조선시대 임금의 행차지였고, 1980~90년대에는 가족 단위 여행객과 단체 관광객들로 붐비는 대표 온천휴양지였다. 그러나 관광 트렌드의 변화, 시설 노후화, 접근성 한계, 관리 부재가 겹치며 수안보는 긴 침체기를 겪었고, 번성했던 상권과 숙박업소는 폐업과 공실을 반복했다. 지역경제도 급격히 위축될 수밖에 없었다.

이러한 상황에서 수안보의 재도약을 위한 다양한 프로젝트가 여러 차례 시도되었다. 핵심은 '온천 중심 관광지'에서 '복합 휴양지'로의 전환이다. 대표적인 과제가 수안보를 전통 휴양지에서 고부가가치 복합관광지로 업그레이드하는 것이다.

이 같은 맥락에서 '수안보 플랜티움' 사업이 주목된다. 온천과 문화 공간이 결합된 새로운 개념의 관광 인프라로, 젊은 세대를 겨냥한 다목적 문화 허브를 지향하고 있다. 여기에 지역경제와 체육 관광을 연계한 다목적체육관·야구장 건립도 이어진다. 전지훈련 유치와 대규모 체육행사 개최를 통해 관광 비수기를 보완하고 상시 유동인구를 창출하는 기반이 될 전망이다.

경관 개선과 접근성 확보도 병행되고 있다. 야간경관 조성, 전선 지중화, 교통 인프라 확충이 진행 중이며, 특히 중부내륙고속철도 수안보역은 수도권 접근성을 획기적으로 개선해 수안보 관광의 가장 큰 약점이었던 교통망 확충에 기여하고 있다.

그러나 인프라 확충만으로는 부족하다. 국내외 성공 사례를 참고한

다양한 연령층과 외국인 의료 관광객까지 유치할 수 있는 새로운 테마 온천이 필요한 시점이다.

체계적 운영이 필요하다. 일본 오이타현 벳푸 온천은 '지옥온천'이라는 독창적 콘셉트를 유지하면서, 온천 마을 전체를 예술촌으로 재편해 매년 수백만 명의 관광객을 끌어모으고 있다. 강원도 속초 척산온천은 단순 온천 이용에서 벗어나 숙박·건강진단·숲길 걷기·요가·명상 등을 결합한 웰니스 테라피 프로그램으로 중장년층과 외국인 의료 관광객까지 유치했다. 수안보 역시 월악산·충주호 등 인근 자연 자원을 활용해 치유와 힐링 콘텐츠를 개발, '머무는 관광지'로 얼마든지 가능하다.

또한, 상권 회복을 위한 맞춤형 지원도 병행돼야 한다. 현재 수안보에는 빈 점포가 많고 고령 자영업자가 대다수다. 새로운 관광객 유입이 곧바로 지역경제로 연결되려면 청년 창업 인센티브, 점포 리모델링 지원, 관광 정보 플랫폼 연계 등 실질적 상권 활성화 전략이 필요하다.

'왕의 온천'이라는 전통성과 내륙 유일의 용출수라는 천혜 자산을 갖춘 수안보온천의 부활은 '온천 도시'에서 '체류형 복합관광도시'로 변신에 달려있다. 과거의 영광에 기대는 것으로는 회복이 어렵다. 변화하는 관광 트렌드에 맞춰 기능과 콘텐츠를 혁신해야 한다. 플랜티움 건립, 교통망 확충은 시작일 뿐이다. 벳푸와 속초처럼 지역 고유의 정체성을 살리면서도 시대 수요를 반영한 전략적 결합이 뒤따라야 한다.

충주나루, 충주호 관광의 대전환

용탄동과 동량면에 건설된 충주댐은 국내 최대 규모의 다목적 댐이라는 상징성을 지니고 있다. 그러나 관광 개발 측면에서는 충주호는 단양호나 청풍호에 비해 상대적으로 뒤쳐져 있다. 이유는 지형적·구조적 한계에 있다. 수심이 깊어 순환도로는 경사가 심하고, 수변 접근성이 떨어진다. 물박물관이 있는 좌측 구간은 공간이 협소해 관광객 수용에 한계가 있고, 우측 전망대에서 마즈막재로 이어지는 길 역시 구비가 심한 급경사 구간이 많아 대규모 관광객 유치에 불리하다.

반면 단양호와 청풍호는 수변 접근성이 좋아 산책로·자전거길·레저 시설을 갖추기 용이했고, 이러한 조건이 체계적 관광 인프라로 이어졌다. 청풍문화재단지, 단양 수상레포츠, 청풍호 유람선이 대표적 사례다. 충주댐의 명성에도 불구하고 본격적인 관광 자원화가 미진한 이유가 여기에 있다.

이러한 상황에서 주목할 만한 곳이 바로 충주나루 휴게소다. 충주호 크루즈의 출발지이자 충주댐과 인접한 이곳은 수변 경관이 탁월하고 부지 활용 가능성도 크다. 현재는 휴게소와 승선장이 중심 기능이지만, 여기에 문화·공연·예술 콘텐츠를 결합하면 전혀 다른 관광 콘셉트를 제시할 수 있다.

예컨대 충주나루를 거점으로 한 '호수 예술 플랫폼' 구상이 가능하다. 낮에는 관광선을 타고 충주호 절경을 즐기고, 밤에는 수변 무대에서 음악회·연극·미디어파사드 쇼 같은 공연을 감상하는 방식이다. 호수와 산이 천연 무대가 되어 계절과 날씨에 따라 색다른 분위기를 연출할 수 있다. 여기에 지역 예술가 작품전시, 전통문화 체험, 플리마켓을 더하면 단순 유람 관광을 넘어 체류형 관광지로 발전할 수 있다.

충주나루의 장점은 인근 IBK 연수원의 존재에서도 드러난다. 연간 약 5만 명이 방문하는 이들은 일정 여유를 가지고 지역 명소를 찾는 잠재 고객층이다. 충주나루가 공연·체험 프로그램을 정례화한다면 연수원 방문객이 상시로 이용하는 고정 수요처가 될 수 있다. 지역 농특산물 판매, 로컬 푸드 레스토랑, 호수 뷰 카페를 연계하면 소비 증대 효과도 크다.

장기적으로는 충주호 관광 개발이 중앙탑면 탄금호와 함께 '수변도시 충주'의 양대 축으로 성장할 수 있다. 탄금호는 이미 수상스포츠와 수변 경관 조성에서 앞서가지만, 충주댐은 호수의 스케일과 웅장한 경관에서 차별성을 지닌다. 두 호수를 서로 다른 테마로 특화하면 충주는 내륙 수변 관광의 중심지로 자리매김할 수 있다.

여기에 과거 산업·관광 개발 논의가 있었으나 장기간 방치되며 가

충주나루 개발은 탄금호와 함께 수변도시 충주의 양대 축으로 성장할 수 있다.

치가 줄어든 동량면 코타 부지의 활용도 검토해 볼 만하다. 충주나루-충주호 관광벨트와 연계하여 체험형 숙박단지, 수상 레포츠 베이스캠프, 생태공원 등으로 재탄생할 수 있을지 원점에서 살펴보는 것이다.

충주호 본댐 관광의 한계를 극복하려면 접근성 보완과 콘텐츠 차별화가 핵심이다. 경사 구간은 대형 버스 대신 소형 셔틀이나 전기차를 운영하고, 주차·휴게시설은 충주나루에 집중해 거점화해야 한다. 콘텐츠는 단순 유람선을 넘어 공연·예술·체험을 결합한 복합형으로 설계해 '호수 위의 예술관광' 이미지를 구축해야 한다.

'예성글패'가 남기고 싶은 이야기

담백하지만 오래 남는 설화의 재탄생

　어느 날, 지인의 사무실 책장에서 우연히 한 권의 책을 발견했다. 표지에는 「대문산 할미 함박웃음」이라는 제목이 쓰여 있었다. 언뜻 동화책 같지만, 책장을 넘기자 충주 곳곳에서 전해 내려오는 설화들이 정겨운 그림과 함께 실려 있었다. 금가면 '벙어리 여울', 엄정면 '황금 잉어와 복주머니', 호암동 '고뿔과 호랑이' 등 마을마다 남아 있는 이야기들이 시민의 손을 거쳐 살아났다.

　이 책은 글쓰기를 좋아하는 시민 모임 〈예성글패〉의 작품집이다. 서문을 읽어보니 이들은 현장을 직접 찾아다니며 자료를 수집하고, 어르신들의 입을 통해 구전되던 이야기를 기록했다. 표지에 '평생학습동아리 작품집'이라는 문구가 있는 것으로 보니, 소액의 지원금을 보태 제작한 듯하다. 소박한 지원과 시민들의 열정이 만나, 지역의 문화자산이 한 권의 책으로 태어난 것이다.

이 작업의 독창성은 주민이 스스로 기록자로 나섰다는 점에 있다. 전래 설화는 대체로 학자나 외부 작가의 시선으로 기록되지만, 이번 책은 이야기 현장에서 살아가는 주민이 직접 채록하고 재구성했다. 덕분에 문헌으로만 접하는 이야기와 달리, 언어의 뉘앙스와 장소의 상태, 인물의 표정까지 담아낼 수 있었다. 책 속에는 '죽은 기록'이 아니라, 살아 있는 지역 문화가 녹아있다.

이러한 설화는 단순한 기록을 넘어 문화 콘텐츠로 확장될 잠재성을 품고 있다. 금가면 '벙어리 여울'은 강과 인간, 침묵과 소통이라는 주제를 담아 연극이나 판타지 극으로 각색할 수 있다. '황금 잉어와 복주머니'는 어린이 뮤지컬이나 가족극으로 재창작하기에 알맞은 전형적 구조를 지니고 있다. '고뿔과 호랑이'는 유머와 교훈을 함께 담아 애니메이션이나 지역 축제 공연으로 확장할 수 있다.

세계적으로 성공한 콘텐츠 상당수가 전래 설화와 민간에서 전승해 온 소재에서 비롯했다는 사실을 떠올리면, 충주의 이야기도 얼마든지 현대적 재해석을 통해 지역을 대표하는 문화 자원이 될 수 있다. 다만 중요한 것은 원형 보존과 현대적 해석의 균형이다. 이야기 속 배경지나 상징은 그대로 살리되, 세대와 문화권을 초월해 공감할 수 있는 메시지를 더해야 한다. 이를 위해서는 기록자, 창작자, 공연·영상 제작자, 교육자가 하나의 목표를 위해 협력해야 한다. 설화 기록은 단순한 '추억 보존'이 아니라, 지역 정체성과 미래 산업을 동시에 키우는 씨앗이다.

〈예성글패〉가 서문에서 밝힌 다짐 — "소박하지만 누추하지 않게, 생기 넘치지만 부담스럽지 않은 글"은 곧 지역 이야기를 대하는 올바른 태도이자 기록자들의 자부심을 보여준다.

결국 지역 설화의 기록은 과거로 향하는 일이 아니라 미래로 나아가는 길이다. 언젠가 이 이야기들이 무대 위 판타지 극, 애니메이션, 축제 공연으로 재탄생해 전국 관객을 사로잡게 된다면, 그 시작은 바로 이 책장에서 묵묵히 기록을 이어간 시민들의 열정이었음을 기억해야 한다. 담백하지만 오래 남는 그 품격, 우리도 오래 기억할 일이다.

'예성글패'가 낸 〈안녕 설화야 『대문산 할미 함박웃음』〉

교육 관광으로서 충주 동락전투

지역 이야기로 만드는 지속 가능한 콘텐츠

1950년 6월 25일, 한반도는 전쟁의 불길에 휩싸였다. 북한군의 기습 남침은 불과 사흘 만에 서울을 점령했고, 절망적인 전세 속에서 7월 6일, 국군의 최초 승리로 기록된 동락전투가 벌어졌다.

이 전투의 발단은 한 초등학교 교사의 결단에서 시작됐다. 충주 동락초등학교 교사였던 김재옥 선생은 북한군이 마을로 접근한다는 소식을 듣자, 과감히 적을 속이는 길을 택했다. 북한군에게 "국군은 이미 철수했다"고 허위 정보를 흘린 뒤, 4km를 달려 국군 진영에 적의 동태를 알린 것이다. 이 첩보는 곧바로 작전에 반영됐고 북한군 1개 연대를 섬멸하는 전과를 거뒀다.

전투의 의미는 단순한 전술적 승리에 그치지 않았다. 이 과정에서 노획한 북한군 무기가 소련제라는 사실로써, 소련이 전쟁에 직접 개입했다는 증거가 드러났다. 이 정보는 유엔에 보고돼 연합군의 공식 파병 결정에 중요한 근거가 되었다.

여성 교사가 전쟁의 흐름을 바꿨다는 점에서 동락전투는 한국 전쟁사에서 보기 드문 사례다. 생명을 건 결단으로 국군의 첫 승리를 이끈 그의 이야기는 지금도 지역사회에 전설처럼 전해지고 있다. 단순한 전쟁 영웅담을 넘어, 위기 상황에서의 판단력과 나라를 위한 국민의 책임감이라는 보편적 가치를 담고 있어 교육적 자원으로서도 충분하다.

이 사건을 널리 알릴 의미와 이야기의 확산 가능성은 크다. 이미 1966년 '임권택 감독이 '전쟁과 여교사'라는 제목으로 영화를 만들었다. 더 나아가 동락전투와 김재옥 선생의 이야기는 역사교육과 관광을 결합한 문화 상품으로 발전시킬 수 있다. VR을 이용한 시뮬레이션으로 역사 체험 프로그램, 전투 현장과 기념비, 동락초등학교 옛터를 잇는 교육형 답사 코스 등이 가능하다. 연극, 뮤지컬로 제작해 인간적 용기와 기지를 조명하는 휴먼 스토리로 재구성할 수도 있다. 애국심은 자기를 사랑하는 마음에서 비롯된다. 매년 기념일에 '동락전투 역사문화제'를 개최해 퍼레이드, 군악대 공연, 전쟁사 전시, 지역 특산물 축제와 연계하는 방식도 충분히 구상할 만하다.

해외에도 유사한 사례가 있다. 노르웨이의 얀 바울스루드 사건은 독일군에 맞서 싸운 레지스탕스 활동가와 주민들의 협력이 영화와 교육 프로그램으로 재현됐다. 폴란드의 조피아 코사크는 유대인 구출

한국전쟁 첫 승리를 이끈 김재옥 교사 기념관

활동으로 다큐멘터리와 교재에 포함됐다. 이들 사례의 공통점은 지역 스토리를 콘텐츠로 만든 것이다. 기록과 기념물, 행사를 통해 기억을 유지하고, 영화·연극·전시를 통해 교육과 관광으로 확산시킨 것이다.

그 반면에 충주 동락전투는 전국적으로 알려지지 못한 채 단편적 사실 전달에 머물고 있다. 인지도와 기록, 홍보가 모두 부족하다. 김재옥 선생의 무용담이 단순한 지역 이야기로 남지 않으려면, 교육·문화·관광이 결합된 지속 가능한 콘텐츠로 만드는 전략이 필요하다. 지역 역사학자·문화기획자·교육기관과 지자체가 협력하는 체계적 구조로 시도해볼 만하다.

한국전쟁에서 국군의 첫 승리를 이끈 건 거창한 무기나 전략이 아니라, 한 초등학교 교사의 순간 판단과 선의의 거짓말이었다. 그 결단의 행동이 전쟁의 흐름을 바꾸고 국제사회의 개입을 이끌었다. 이 이야기가 던지는 교훈은 분명하다. 위대한 역사는 언제나 한 사람의 용기에서 시작된다는 것이다. 충주가 이 이야기를 제대로 기억하고 전할 때, 동락전투는 단순한 과거에서 현재와 미래를 잇는 살아 있는 유산이 될 것이다.

중부권발명교육지원센터

창의적 교육 효과와 관광·문화적 파급력으로 도시브랜드 강화

2028년 8월이면 충주 탄금공원 일대가 새로운 교육·문화 거점으로 변모할 전망이다. 세계무술박물관 인근 부지에 전국 두 번째 발명교육지원센터가 들어서기 때문이다. 이미 경주에서 운영 중인 광역발명교육지원센터가 높은 성과를 거두면서 중부권 설치 필요성이 제기되었고, 중소벤처기업부와 특허청이 주관한 공모에서 충주가 최종 선정되었다. 올해 7월 중앙투자심사에 통과되어 국비 53억 원이 확보된 상태에서, 현재 설계와 세부 프로그램 마련이 진행 중이다.

발명교육지원센터의 목표는 4차 산업혁명 시대에 부합하는 창의·융합형 인재를 양성하는 것이다. 지식재산(IP)의 가치가 높아지고 창의적 아이디어가 곧 산업 경쟁력으로 연결되는 시대에, 발명 교육은 선택이 아닌 필수 역량이다. 중부권센터에는 아이디어를 시제품으로

중부권 광역발명교육지원센터 조감도(자료: 충북도교육청)

구현할 수 있는 제작실, 지식재산 교육관, 실험·체험실, 전시관 등이 마련된다. 학생과 청소년뿐 아니라 일반 시민과 기업 관계자까지 누구나 활용할 수 있는 개방형 시설로 운영될 예정이다.

충주가 갖는 발명교육지원센터의 의미는 대단히 크다. 첫째는 교육적 효과다. 지역 초·중·고교의 창의력 교육과 연계해 발명 대회, 과학 캠프, 창업 아이디어 경진대회를 정례화할 수 있다. 학생들이 굳이 대도시로 나가지 않아도 수준 높은 발명 교육을 받을 수 있어 교육 불균형을 해소할 수 있다.

둘째는 산업 인프라와의 연계다. 충주는 바이오헬스 국가산업단지, 승강기 클러스터, 자동차 전장 부품 등 신산업 거점이 조성되는 도시다. 발명교육지원센터가 제공하는 시제품 제작과 지식재산 교육은 청년 창업과 중소기업 기술개발과 직접적으로 연결될 수 있다. 산업 현장의 수요와 교육을 연계하면 '발명-창업-사업화'로 이어지는 선순환 구조가 가능하다.

셋째는 관광·문화적 파급력이다. 인근에 건립 중인 국립충주박물관과 더불어, 탄금공원은 역사와 미래가 공존하는 교육·문화 클러스터로 거듭날 수 있다. 가족 단위 방문객은 오전에는 박물관에서 역사문화를 배우고 오후에는 발명센터에서 과학·기술 체험을 즐기는 하루 일정을 소화할 수 있다. 이는 수학여행, 청소년 캠프, 가족 여행 수요 확대를 이끌어 지역 관광 산업에도 활력을 불어넣을 것이다.

끝으로 도시브랜드 가치를 높일 수 있다. 발명교육지원센터 유치는 충주가 전통문화 도시를 넘어 미래지향적 교육과 첨단산업의 중심지로 성장하고 있음을 보여준다. 대전이 '과학도시', 전주가 '한식·한옥 도시'로 자리 잡았듯, 충주도 '창의·발명 교육의 중심지'라는 새로운 정체성을 확보할 수 있다.

탄금공원은 충주의 대표적인 역사문화 명소다. 여기에 연간 30만 명의 방문객을 예상하는 발명교육지원센터와 국립충주박물관이 더해지면, 과거와 현재, 미래가 함께 숨 쉬는 복합 문화거점이 완성된다. 원도심과의 연계 관광, 상권 활성화, 청년 정착 유도 등 다방면의 파급 효과도 예상된다. 그렇다면 발명교육지원센터는 창의 인재를 길러내고 지식재산 시대의 흐름에 발맞추는 충주의 미래를 나타내는 나침반이며 충주의 교육·산업·문화 지형을 새롭게 바꾸는 기폭제가 될 것이다.

활옥동굴, 산업 유산에서 관광 자산으로

충주의 과거와 현재 미래를 잇는 관광 아이템을 위한 조건

충주의 활옥동굴은 한때 동양 최대 규모를 자랑하던 활석 광산이었다. 그러나 세월이 흐르며 채굴업은 경쟁력을 잃었고 광산은 문을 닫았다. 긴 공백 끝에 동굴은 관광지로 탈바꿈했다. 연중 11~14도의 일정한 기온 덕분에 많은 사람이 찾는 명소가 되었고, 동굴 안 물길을 활용한 보트 체험은 색다른 관광 프로그램으로 자리 잡았다.

하지만 겉으로 보이는 것과 달리 동굴 영업에는 풀지 못한 법적 문제가 숨어 있다. 국유림 불법 점유 논란에 휘말려 있고, 동굴 내부 수상레저 시설을 운영할 법적 근거 또한 불명확하다. 관광진흥법이나 산림 관련 법규 어디에도 동굴 내 수상레저 활동을 규정한 조항이 없다. 이렇게 법적 공백 속에서 운영되는 관광사업은 안정성을 담보할 수 없고, 안전사고 발생 시 책임 소재도 불분명하다.

폐쇄적이고 특수한 공간인 동굴은 위험 요소가 늘 존재한다. 불특정 다수가 이용하는 관광 시설이라면, 법적 안전망은 선택이 아니라 필수다. 규제가 다수의 안전과 권리를 지키는 최소한의 울타리라는 점에서 더욱 그렇다. 아무리 지역 관광을 활성화한다는 명분이 있더라도, 국유림을 불법 점유하고 법적 근거 없는 영업을 이어가는 것은 공공의 이익에 어긋난다.

그런 뜻에서 최근 활옥동굴을 공공재로 활용하자는 공론이 불거지고 있다. 사적 영리사업의 틀에서 벗어나, 행정이 책임을 나누고 제도적 장치를 마련해 공공 차원에서 관리하자는 뜻이다. 그러나 사업자 측은 적극적인 호응을 보이지 않고 있다. 결국 행정과 사업자, 지역사회가 머리를 맞대지 않는 한 문제는 계속 표류할 수밖에 없다.

관광산업은 단기 수익이 아니라 지속 가능성과 안전성 위에 뿌리를 내려야 한다. 동굴 관광이 충주의 브랜드로 자리 잡으려면 제도 정비가 선행되어야 한다. 인허가 체계 마련, 안전 기준 제정, 정기 점검과 보험 제도, 전문 인력 배치 같은 최소한의 안전장치가 필요하다. 지금처럼 법적 근거 없이 운영된다면 당장은 흥미를 끌 수 있어도 장기적으로는 충주의 이미지와 관광 신뢰도를 해칠 위험이 크다.

활옥동굴은 산업 발전의 흔적이자 충주의 소중한 자산이다. 산업유산을 관광 자원으로 바꾼 시도는 높이 평가받아야 한다. 그러나 그 가치가 온전히 인정되려면 법과 제도의 바탕 위에 서야 한다. 공백과 불확실성을 해소하지 않는다면 활옥동굴은 언제든 논란의 대상이 될 수밖에 없다.

활옥동굴 입구 전경. 광물을 캐던 동굴이 지금은 관광지로 조성되었다.

지금 필요한 건 단기적 흥행이나 사적 이익이 앞서서는 안 될 일이다. 법적 규범과 공공성 위에서 안전하고 지속 가능한 길을 찾는 것이다. 국유림은 국가의 것이자 국민 모두의 것이고, 이를 활용한 관광 역시 시민 모두가 공감할 수 있는 방식으로 운영되어야 한다.

제도적 공백을 조속히 보완해야 하며, 사업자는 지역사회의 목소리에 귀 기울여야 한다. 그럴 때 활옥동굴은 과거와 현재, 미래를 잇는 충주의 대표 관광지로 자리매김할 수 있다.

충주 쌀의 자발적 변신

새로운 부가가치 창출과 신품종 개발로 농업 환경변화에 대응

충주는 항공 사진으로도 달천강과 남한강, 그리고 크고 작은 지류들이 빚어낸 비옥한 평야가 도처에 펼쳐져 있음을 알 수 있다. 단월과 봉방의 너른 들판, 신니에서 주덕·대소원면으로 이어지는 요도천 유역, 노은 한포천 가의 넓은 논, 금가와 중앙탑 인근 남한강이 감도는 토지로 충주가 곡창지대였음을 확인할 수 있다. 그렇게 물과 땅이 풍부했던 이곳은 삼국시대 이래 중부내륙의 식량 공급지로 자리매김했고, 근대에 이르러서도 충북을 대표하는 쌀 생산지로 그 위상을 이어왔다.

그러나 오늘날 충주의 쌀 농업은 과거와는 다른 도전에 직면해 있다. 얼마 전 열린 쌀전업농대회에서 만난 농업인들의 표정에서도 그 고민이 읽혔다. 농촌 인력은 갈수록 부족하고, 고령화가 심해지면서 노동 부담은 더욱 커졌다. 기계화가 진전되었지만 소작농과 고령농의 비중이 여전히 커 안정적 경영에는 한계가 많다. 게다가 식생활의 변화는 쌀 소비 감소로 이어지고 있다. 빵과 면류, 간편식이 보편화되면서 1인당 쌀 소비량은 꾸준히 줄어드는 추세다. 그 결과 과잉 생산된 쌀은 가격 하락과 재고 증가를 불러왔고, 이는 충주뿐 아니라 국가적인 문제이기도 하다.

이런 현실은 기존의 방식만으로는 답을 찾기 어렵다. 최근 주목받는 대안이 바로 '가루쌀'이다. 제분 과정을 단순화해 빵·과자·음료 등 다양한 가공식품에 활용할 수 있는 가루쌀은 주식용 쌀의 한계를 넘어 새로운 시장을 열 가능성을 보여준다. 충주시 역시 가루쌀 재배와 이를 활용한 제품 개발을 적극 지원하며 농업을 생산에서 가공, 유통, 관광까지 확장하는 새로운 모델을 실험하고 있다.

여기에 2024년 농촌진흥청과 충주시와 공동 개발에 성공한 '중원진미'가 쌀농사 문제의 대안이 되고 있다. 최근 중원진미는 우수한 밥맛과 병해충 저항성을 인정받아 2026년부터 충주시 공공비축미로 선정된 것으로 알려졌다.

국내 최초로 벼멸구, 벼흰잎마름병, 줄무늬잎마름병에 모두 저항성을 가진 복합 내병충성 품종으로 2024년 대규모 벼멸구 피해가 발생했을 때도 충주시 '중원진미' 시험 재배지에서는 피해가 전혀 없었다고 한다.

쌀전업농이 안정적 수익을 내려면 이러한 부가가치 창출과 신품종 개발이 필수적이다. 또한 공동생산과 기계화를 확대해 인력 부

단월, 달천 일대는 충주의 쌀 곡창지대로 알려져 있다.

족을 보완해야 한다. 개별 농가가 감당하기 어려운 노동과 비용을 협동조합이나 영농조합법인 형태로 분담한다면 고령농과 소농도 안정적으로 참여할 수 있다.

아울러 청년 농업인의 유입을 위한 지원도 병행되어야 한다. 정주 여건이 열악한 상황에서는 아무리 좋은 정책도 지속되기 어렵다. 주거·교육·문화·의료가 뒷받침되어야만 청년들이 농촌에 정착하고 농업을 미래의 직업으로 선택할 수 있다. 충주는 교통망과 도시 기반을 갖춘 지역이기에, 이러한 정주 여건 개선과 농업 지원을 결합할 여지가 크다.

"농자천하지대본農者天下之大本"이라는 말은 땅에 대한 예의와 농사에 대한 존중을 일깨우는 경구다. 충주의 쌀 농업은 그 오랜 역사와 비옥한 자연을 바탕으로 여전히 큰 잠재력을 지니고 있다. 그러나 그 잠재력이 제대로 발휘되려면 변화하는 시대에 맞는 혁신적 행정 뒷받침이 계속되어야 한다. 과잉 생산과 인력 부족, 소비 변화라는 현실을 넘어 가루쌀 같은 새로운 소비시장을 만들어내고 중원진미와 같은 신품종이 역할을 해야 한다. 여기에 기계화와 공동경영, 청년 유입과 정주 여건 개선으로 새로운 노동력을 투입해야 한다. 이러한 정책들이 일련의 과정으로 차근히 진행될 때, 충주의 쌀 농업은 과거의 영광을 넘어 미래의 희망으로 다시 설 수 있을 것이다.

충주 소태밤, 산과 강이 빚은 황금 열매

비내섬과 연결하는 체험관광의 모델로

충주 소태면의 밤은 단순한 특산물이 아니다. 이 지역의 산과 강, 그리고 사람의 손이 오랜 세월 만들어 낸 생태 경제의 산물이다. 소태면은 예로부터 토심이 깊고 물 빠짐이 좋아 밤 재배에 최적의 조건을 갖추고 있었다. 백두대간에서 뻗어 내린 완만한 산자락과 미세한 기후차가 어우러지면서 알이 굵고 당도가 높은 충주밤이 태어났다.

조선 후기 문헌에도 '충주 밤'이 조정 상납품으로 기록되어 있을 만큼, 그 품질은 일찍부터 인정받았고 전국적인 밤 생산지로 자리 잡은 지금, 전국 재배면적 상위권에 속한다. 충주밤은 껍질이 단단해 저장성이 뛰어나고, 밤고유의 향과 단맛이 강하다. 이런 특성 덕분에 생밤은 물론, 군밤·찐밤·밤묵·밤빵 등 가공식품의 원료로도 널리 활용된다.

남한강 변의 소태 밤밭 풍경

최근 들어 충주밤은 단순한 농산물을 넘어 '6차 산업'의 대표 모델로 주목받고 있다. 소태면에서는 지역 농가와 협동조합이 중심이 되어 밤을 원료로 한 막걸리, 조청, 잼, 과자 등을 개발하고 있다. '밤막걸리'는 그중에서도 지역성을 가장 잘 드러내는 제품이다. 고소하면서도 은은한 단맛, 그리고 밤 특유의 향이 어우러져 관광객들의 사랑을 받고 있다. 단순한 주류가 아니라, 지역 정체성을 담은 문화상품으로 성장한 셈이다. 농업의 생산과 가공, 유통, 체험, 관광이 한데 묶인 충주밤 산업은 지속 가능한 지역경제의 모범적 사례로 평가된다.

충주의 밤이 가진 경쟁력은 자연환경만으로 설명되지 않는다. 무엇보다 지역 주민들의 끈기와 협동이 밑거름이 되었다. 고령화와 인력 부족으로 어려움을 겪던 농가들은 품질관리와 브랜드화를 통해 새로운 돌파구를 마련했다. 농림축산식품부의 '임산물 6차 산업화 시범지구' 지정 이후, 소태면 일대는 '생산적 임업'의 모델로 발전하고 있다. 단순히 나무를 심고 수확하는 수준을 넘어, 숲의 자원을 가공하고 문화로 확장하는 시스템을 구축한 것이다.

또한 충주밤 산업은 인근의 비내섬 관광지와 연계되면서 '체험형 관광농업'으로 확장되고 있다.

비내섬을 왼편에 끼고 599번 지방도를 가다 보면 오른쪽 능선에 들어찬 밤밭이 마치 스페인의 올리브 농장을 떠올리게 한다. 비내섬은 남한강변의 절경과 생태습지로 유명한 곳으로 사계절마다 자연을 즐기려는 방문객들이 몰린다. 최근에는 밤줍기 체험, 밤요리 교실, 농가민박 등과 결합한 프로그램이 운영되며 지역 농업과 관광이 함께 성장하고 있다. 도시민이 직접 농촌을 체험하고, 지역의 생산물을 현장에서 소비하는 선순환 구조가 만들어지는 셈이다.

충주 소태의 밤은 단순한 '먹거리'가 아니라, 지역의 스토리로 자리 잡는다. 농업이 산업으로, 산업이 문화로 이어지는 길목에서 자립적이고 창의적인 농촌의 모델을 보여준다. 밤 한 톨에 담긴 자연의 조화, 그리고 지역민의 자부심이야말로 충주밤이 가진 진정한 가치다. 충주가 '밤의 고장'으로서 전국에 이름을 알리길 기대해 본다.

충주비료공장에서 이차전지의 중심으로

코스모신소재, 국가 전략산업으로 지역의 새로운 성장 주도

1960~70년대 우리나라가 본격적인 산업화의 길로 들어설 때, 충주는 전국적인 화학공업의 상징 같은 도시였다. 당시 충주비료공장은 지역의 자부심이자 국가 경제 성장의 엔진이었다. 수많은 노동자가 이곳에서 일했고, 그들의 땀방울이 모여 산업화 시대 대한민국의 식량 생산을 뒷받침했다. 그뿐만 아니라, 울산과 여수의 화학산업에 기술적 모태 역할을 하면서 국가 경제에 이바지했다. 거대한 굴뚝에서 피어오르던 연기와 작업복 차림의 인파는 곧 '근대화'와 '성장'이라는 키워드로 기억된다.

세월이 흘러 충주비료공장은 역사 속으로 사라졌지만, 충주 시민의 기억에는 '산업도시 충주'라는 뿌리 깊은 정체성이 여전히 남아 있다. 오늘날 새로운 산업 지형 속에서 충주가 다시 주목받으려면 이 같은 전통을 잊어서는 안 된다. 바로 미래의 성장산업으로 떠오른 이차전지 분야가 목행동 충주비료공장 자리에서 충주의 새로운 희망으로 자리잡고 있기 때문이다.

이차전지는 한번 쓰고 버리는 일차전지와 달리, 충전과 방전을 반복할 수 있는 전지다. 자동차, 노트북, 휴대전화는 물론, 이제는 전기차와 에너지 저장장치(ESS) 등으로 그 활용 범위가 폭발적으로 확산되고 있다. 사용범위가 넓을 뿐만 아니라 부가가치가 높아, 전 세계적으로 가장 유망한 신산업 중 하나로 꼽힌다. 과거 화학공업이 그랬듯, 오늘날 이차전지는 국가의 성장 전략과 직결된 산업이다.

목행동 부지에 2010년, 들어선 '코스모신소재'는 10여 년 이상 이차전지 소재를 핵심 사업으로 삼아왔다. 처음에는 도전처럼 보였지만, 묵묵히 연구개발과 투자를 이어간 결과, 이제는 5년 연속 흑자를 기록하는 탄탄한 기업으로 성장했다. 단순히 흑자 경영을 넘어, 이차전지 소재 분야에서 충주를 대표하는 기업으로 자리매김하고 있다는 점이 의미 있다. 충주비료공장이 국가의 농업과 식량을 책임졌던 것처럼, 코스모신소재는 미래 모빌리티와 첨단 전자기기의 에너지를 책임지고 있는 셈이다.

최근 충주가 정부의 이차전지 지원사업에 선정돼 국비 42억 원을 확보한 것도 주목할 만하다. 이는 단순한 재정적 지원을 넘어, 국가 차원에서 충주의 이차전지 산업을 전략적으로 육성하겠다는 의미이기도 하다. 과거 국가가 충주비료공장을 세워 농업 기반을 강화했듯이, 이제는 충주를 이차전지 산업의 거점으로 성장시키려는 새로운 시대적 기회가 열린 것이다.

　지역에 우량 선도기업이 많아야 일자리가 늘고, 협력 사업이 연쇄적으로 확산된다. 코스모신소재와 나노캠프 같은 기업이 뿌리내리고 성장한다면, 지역의 중소기업들은 협력사로 동반 성장할 수 있다. 청년들은 일자리를 찾아 굳이 타지로 떠나지 않아도 된다. 지역 내 고등교육기관과의 연계는 연구개발과 인재 양성의 시너지를 낼 수 있으며, 이는 다시 충주 전체의 경쟁력으로 이어질 것이다.

　1960~70년대 공장의 굴뚝에서 하얗게 오르던 수증기가 산업화 시대를 상징했다면 지금 그 자리에서 피어오르는 것은 이차전지 기업들의 연구소와 공장 불빛이다. 시대는 바뀌었지만, 지역의 성장 동력을 스스로 만들어내야 한다는 과제는 변함이 없다. 충비가 과거의 영광이라면, 코스모신소재와 나노캠프는 미래의 희망이다. 충주가 다시금 국가 경제의 한 축으로 우뚝 설 수 있을지는 이러한 기업들이 얼마나 뿌리를 내리고, 지역사회와 호흡하며 성장해 가느냐에 달려 있다.

코스모신소재 전경

콩 융복합단지, 농업의 새로운 전환점

농업 체질 개선과 소득 증대, 지역 경제와 연결고리

최근 충주가 농촌진흥청이 주관하는 '콩 자립형 융복합단지 조성 사업'에 최종 선정되었다. 이번 사업은 국산 콩 산업의 활성화와 생산 기반 조성을 목표로, 지자체와 농민이 함께 작동하는 모델로서 농업인 소득 증대와 농업 체질 개선으로 지역 농업의 변화 가능성을 보여주는 계기다.

과거 '중원콩' 생산지였던 충주는 콩 재배에 적합한 기후 조건을 갖고 있다. 큰 일교차와 연 2200시간에 이르는 풍부한 일조량 덕분에 중부권에서 가장 많은 콩을 생산하고 있다.

이를 위해 서충주농협 등 3개 지역농협과 4개 콩 작목반, 선도 농가 등과 협력해 기계화한 전문 재배단지를 조성하고 콩 종합선별처리장(SPC), 저온저장고, 소비자 가공체험장 등 유통·판매 시설도 확충할 계획이다.

콩 생산과 가공·유통·체험·관광·교육을 연결하는 이 사업에는 2026~2027년 국비 10억원 등 총 25억원을 투입하며, 콩 생산과 가공·유통·체험·관광·교육 등을 연계하는 6차 산업화를 추진할 방침이다.

우선 기존 노후화된 시설과 장비를 현대화하고, 정밀농업 인프라를 구축한다. 그리고 직매장 및 농촌 체험 연계 문화관광 상품을 개발해 부가가치 창출을 꾀한다. 이번 사업을 통해 '콩 명산지'로서의 새로운 위상을 만들고, 농가에는 안정적인 수익 구조를 제공하겠다는 목표를 세웠다.

이 같은 농업 혁신 사업이 충주 농업에 미치는 영향은 적지 않다. 먼저 체질 개선 측면에서 콩 농업은 작목 다양화를 통한 리스크 분산 효과가 있다. 기존 쌀 중심 농업 구조에서 벗어나 콩을 포함한 자급률 높은 작목을 강화하면 기후나 수급 변화, 쌀 가격 변동 등에 대한 영향이 줄어든다. 또한 노후 장비를 교체하고 정밀농업 기술을 도입함으로써 노동력 절감, 작업 효율성 향상, 품질 균일성 확보 등이 가능하다. 이런 변화가 반복되면 콩 농업의 경쟁력이 높아진다.

소득 증대 부문에서도 기회가 크다. 가공 및 체험 상품 개발은 단순 원물 판매보다 단가가 높다. 직매장 운영은 유통마진을 줄이며, 관광 연계 체험은 농촌의 부가 가치를 창출한다. 예를 들어 지역 방문객이 체험 농장, 콩밭 걷기, 콩 기반 음식 체험 등을 할 경우, 농가는 농업 외 수입원도 갖게 된다. 또한 브랜드화가 성공하면 '이 지역 콩'에 대한 소비자 인식이 올라가면서 가격 프리미엄이 가능하다.

콩사업 성공에는 기관의 정책적 뒷받침이 많아야 한다.

이러한 효과는 이미 다른 지역 사례에서도 확인된다. 당진시는 수년 전 콩 재배단지를 조성하여 약 108헥타르 규모의 단지를 기반으로 콩 가공품 15종을 개발하고 청년 창업농 육성까지 연계한 바 있다. 이 사업을 통해 당진 지역 농가는 단지 농작물 판매만 아니라, 콩 가공 및 체험 상품 개발 등으로 소득원 다변화에 성공했다. 또한 영주시도 콩 자립형 융복합단지 조성 시범 사업을 통해 용도별 생산단지를 조성하고 농업 기계화·기술 지원을 강화하여 안정적 원료곡 생산 기반 확보에 나서고 있다.

이 같은 선례들이 주는 교훈이 많다. 사업 계획 단계부터 농민 주체성과 기술 지원의 조화가 중요하며, 지역 여건에 맞는 브랜드 전략과 유통 체계 확립이 관건이다. 단순히 재배면적만 늘리는 것에 그쳐서는 안 되고, 콩을 재배·가공·판매·체험이 어우러지는 융복합 구조를 설계하고, 농민과 행정이 협력해 효율적 관리와 지속 가능한 운영 모델을 확보해야 한다.

  사업 성공에는 정책적 뒷받침이 많아야 한다. 농업기술센터 또는 농촌진흥청 등이 협력해 기술교육과 품질관리, 시장 정보 제공 등의 역할을 강화해야 한다. 농민들이 새로운 기술과 브랜드 마케팅에 부담을 느끼지 않도록 보조금, 컨설팅, 공동 시설 지원 등이 병행되어야 한다. 충주의 콩 융복합단지 조성 사업은 단순한 농업 지원 사업을 넘어, 농업 체질 개선과 소득 증대, 지역 경제 활성화의 연결고리가 되어 충주 농업의 다음 장을 여는 전환점이 되길 기대한다.

바이오소재 시험평가센터 착공의 의미

바이오 규제자유특구를 향한 힘찬 출발, 기술 인프라의 시작

 지난 9월 말일, 충주기업도시에서 열린 '바이오소재 시험평가센터' 착공식은 지역 산업정책의 중요한 전환점을 예고했다. 총사업비 약 260억 원, 연면적 2,700㎡ 규모로 2028년 완공을 목표로 하는 이 센터는 단순한 연구시설이 아니다. 약물 전달기술을 기반으로 한 바이오소재 관련 중소·중견기업의 연구개발, 시험평가, 분석지원, 기업의 기술적 어려움 지원 등을 지원하게 된다.
 현재 추진하는 바이오헬스 국가산단과 산업구조 고도화의 연결고리이자, 제조도시 충주가 연구·인증 기능을 갖춘 복합산업도시로 성장하기 위한 결정적 인프라라 할 수 있다. 국내 3대 시험·평가기관인 한국건설생활환경시험연구원(KCL)을 주관기관으로 한국교통대, 한국기초과학지원연구원(KBSI)이 참여한다.

바이오소재 시험평가센터 착공식

  센터는 의약·의료기기·화장품 등 바이오소재 분야의 성능평가, 특성분석, 안전성 검증을 맡게 된다. 지금까지 충주와 중부권 기업들이 비임상시험이나 제품인증을 위해 오송이나 수도권으로 의뢰해야 했던 현실을 바꿔, 지역 안에서 시험평가와 인허가 컨설팅이 가능해진다.

  또 하나의 의미는 충주가 그간 축적해온 산업 인프라와의 유기적 연계다. 충주는 승강기 산업, 미래차 전장부품, 수소·에너지 산업으로 대표되는 제조 기반을 갖추었으나, 여전히 연구·시험·인증 기능이 약하다는 평가를 받아왔다. 이번 센터는 그러한 구조적 약점을 메워주는 역할을 하게 된다. 특히 조성 중인 바이오헬스 국가산단과의 연계는 지역 산업정책의 새로운 축을 형성할 전망이다. 국가산단이 제조 중심의 생산거점이라면, 시험평가센터는 품질과 신뢰성을 뒷받침하는 '기술·인증 허브'가 되어 상호 보완적 관계를 구축하게 된다.

정책적 의미로 국가산단과 시험센터를 연계하는 '인허가 원스톱 체계'를 설계하고, KCL의 시험성적서를 기반으로 병원 테스트베드, 조달시장 진출 등으로 확장하면, 지역 바이오기업의 시장 접근성이 대폭 높아질 것이다. 향후 과제는 센터와 국가산단 간의 기능적 연계를 제도화하고 지역 대학과 연계한 전문인력 양성체계를 세우는 것이다.

이번 센터 착공의 핵심은 충주에 바이오헬스라는 미래 산업을 접목하고, 시험평가 인프라를 더함으로써 산업의 고도화와 지속가능성을 동시에 확보하는 것이다. 충주는 이미 교통·입지 경쟁력을 갖춘 도시다. 여기에 신뢰할 수 있는 시험인증 기능이 결합되면, 기업 입주 매력도는 높아지고, 청년 일자리와 기술창업의 토대도 넓어진다.

바이오소재 시험평가센터의 착공은 눈에 보이지 않는 '기술 인프라'의 시작이다. 충주의 산업정책이 이제 양적 확장에서 질적 성장으로 이동하고 있음을 보여준다. 제조와 연구, 시험과 인증이 선순환하는 새로운 산업생태계가 충주에서 구현될 때, 충주는 중부권을 넘어 대한민국 바이오산업의 새로운 거점으로 도약할 것이다.

PART

4

경쟁력과 가능성을 찾다, 정주여건

역사와 문화가 교차하는 상징성을 지닌 탄금대

주차 개선으로 접근성 늘리고 스토리즘와 체험 프로그램 강화

 충주를 대표하는 명소를 꼽으라면 많은 시민과 방문객이 주저 없이 탄금대彈琴臺를 떠올릴 것이다. 남한강 변을 따라 펼쳐진 유려한 풍광 위에 자리하며 오랜 세월 충주의 정신과 문화가 살아 숨 쉬는 현장이기 때문이다. 충주에서 초·중·고를 다녔던 사람이면 소풍이나 학예 행사로 몇 번씩은 다녀간 추억이 있을 것이다. 악성 우륵과 관련된 이곳이 임진왜란 때 신립 장군이 전사한 역사적 공간으로서 단순한 경승지가 아니라 역사와 문화가 교차하는 상징적 무대라 하겠다.

 그러나 시민과 관광객 모두가 느끼듯, 탄금대는 그 위상과 가치에 비해 접근성과 편의성이 크게 부족하다. 현재의 입구와 주차장은 협소해 대형 버스는 진입조차 어렵고, 단체 관광객이 편리하게 이용하기에는 구조적 한계가 분명하다. 특히 외부 관광객이 단체로 충주를 찾는 경우, 탄금대를 필수 코스로 넣고 싶어도 교통 여건이 뒷받침되지 않아 제외되는 사례가 많다. 이는 충주 관광 전체에도 아쉬운 부분으로 남는다.

이제는 탄금대의 주 출입구를 탄금공원 방향으로 개선하는 방안을 적극적으로 검토해야 할 시점이다. 넓은 공간을 확보해 주차 여건을 개선하고, 보행로와 안내 시스템을 정비한다면 탄금대는 단순히 '시민들의 산책 명소'에서 '전국적 관광명소'로 도약할 수 있을 것이다. 더 나아가 충주를 찾는 이들이 역사적 의미를 온전히 체험하고, 여유롭게 머무를 수 있는 환경이 조성된다면, 지역 경제에도 긍정적인 효과를 가져올 것이다.

또한 볼거리와 체험 관광을 다각도로 확충할 필요가 있다. 우륵의

탄금대 출입구. 주 출입구를 탄금공원 방향으로 개선하는 방안을 적극 검토해야 할 시점이다.

가야금 문화를 주제로 한 전시관이나 체험 프로그램, 신립 장군의 전투에서 얻는 교훈을 디지털로 구현하는 역사 콘텐츠, 남한강 풍광을 즐길 수 있는 전망대나 야간 경관 조명 등이 마련된다면, 탄금대는 단순한 유적지가 아니라 체험형 관광지로 가능성이 있다.

최근 관광 트렌드가 '스토리텔링과 체험'을 강조하는 만큼, 탄금대의 역사적 이야기를 현대적으로 해석해 관람객이 직접 참여할 수 있는 콘텐츠로 풀어낸다면 경쟁력이 더욱 높아질 것이다.

무엇보다 중요한 것은, 탄금대가 시민의 사랑과 기억 속에 살아 있는 공간이라는 점이다. 수많은 충주시민이 어릴 적 소풍 장소의 기억을 간직하고, 봄·가을이면 산책과 나들이로 즐겨 찾는 곳이 바로 이곳이다. 그러므로 개발과 정비를 단순히 관광객 유치를 위한 목표에 그칠 것이 아니라, 시민의 추억과 정체성을 지키면서 미래 세대를 위한 문화 자산을 확충하는 일이어야 한다.

탄금대는 충주의 과거와 현재를 잇는 귀중한 장소다. 이제는 미래를 향한 공간으로 새롭게 탈바꿈할 기회를 맞고 있다. 접근성 개선과 주차 여건 확충, 다양한 역사·문화 콘텐츠 개발을 통해 탄금대가 충주의 자랑을 넘어 대한민국을 대표하는 문화·역사 관광지로 자리 잡기를 기대한다.

우륵문화제, 시민 참여형 콘텐츠로 채울 지역 브랜드

내부 결속에서 외부 확장으로 나갈 수 있는 충주만의 고유성 찾기

지역의 문화제는 단순한 행사를 넘어 그 도시의 얼굴이라 할 수 있다. 매년 열리는 행사를 통해 사람들은 도시의 정체성과 문화적 가치를 체감하고, 때로는 지역이 지나온 기억을 되살린다. 충주의 우륵문화제도 그런 맥락에 있다. 그러나 50여 년이 지난 지금, 이 문화제가 과연 충주의 대표로서 타당한 정체성과 효과를 갖추고 있는지에 대한 질문이 여전히 제기되고 있다.

충주우륵문화제는 이름만으로도 설명이 가능하다. 충주라는 지명, 우륵이라는 역사적 인물과 그 안에 내포된 가야금이라는 예술적 상징이 깔끔하게 담겨 있다. 한국 음악사에서 우륵은 가야금을 집대성해 신라에 전한 인물로 기록된다. 충주는 그가 말년을 보낸 도시다. 1970년대 초, 충주예총의 주도로 출발한 우륵문화제는 당시 지역 문화인들의 자긍심과 역사 재조명을 목적으로 기획되었다. 분명 명확한 메시지를 가진 출발이었다.

문제는 그 이후의 발전 과정이다. 수십 년이 흐르는 동안 사회의 추세와 시민의 요구는 달라졌지만, 우륵문화제는 이름을 제외하면 시대 변화에 맞는 혁신적 콘텐츠를 마련하지 못했다는 의견이 많다. 문화제의 구성이 연례적 공연 발표회에 머무르는 경우가 많고, 시민 체감도나 외부 관광객 흡인력은 낮다. "예산 쪼개기 행사"라는 비판이 나오는 것도, 단체 간 형식적 참여와 협찬 중심 운영에서 비롯된다.

백제문화제와 진주 유등축제는 역사적 유산을 현대적 방식으로 재현해 강력한 상징성을 확보했다. 유네스코인류문화유산을 활용한 안동의 국제탈춤페스티발, 이미 국제적 명성과 반열에 오른 부산국제영화제는 영상산업과 관광을 연결시키는 브랜드로 자리 잡았다. 이들 문화제의 공통점은 분명하다. 하나의 플래그십 콘텐츠와 몰입할 수 있는 경험이 행사를 뒷받침하고 있다는 점이다.

다시 충주로 돌아와 보자. 우륵문화제가 여전히 강력한 메시지나 체험 요소를 만들어내지 못하는 이유는 무엇일까. 첫째, 콘텐츠의 구심점 부족이다. '가야금'은 우륵문화제의 상징이지만 실제 프로그램에서 중심적 비중이 크지 않다. 국제 콩쿠르, 현대음악과의 협연, 글로벌 음악가와의 교류 프로그램 등으로 확장할 필요가 있다.

둘째, 시민 참여의 한계다. 공연은 많지만 관객은 여전히 수동적이다. 선행도시들이 참여형 콘텐츠로 방문객을 주인공으로 만든 것처럼, 우륵문화제도 시민과 관광객이 체험·참여할 수 있는 구조로 전환해야 한다.

셋째, 문화정책과의 연계 미흡이다. 문화제는 단발 이벤트가 아니라 도시 이미지·교육·지역의 생활문화·관광과 맞물려야 한다. 예산이 줄어도 최소한 문화제를 유지해야 이유는 문화 인프라로 뿌리내려왔기 때문이다.

전반적으로 중요한 관점은, 전통 문화제는 내부 결속에서 출발해 외부로 확장되어야 한

우륵문화제 포스터(출처 : 한국예총 충주지회)

다는 것이다. 그러기 위해 먼저 시민이 '우리 것'이라고 자부할 수 있어야 하며, 그 자부심이 외부로 발산될 때 지역 브랜드로 자리 잡는다. 지금의 우륵문화제가 내부 공감대를 강화하지 못한다면 외부 확장도 요원하다. 반대로 시민사회가 먼저 주체적으로 참여하고 즐기는 장이 된다면, 자연스레 외부 관광객도 흡수할 수 있다.

우륵문화제는 충주만의 고유한 상징이다. 다른 지역과 같은 방식으로 경쟁할 필요는 없다. 그러나 '무엇을 보여줄 것인가, 무엇으로 기억될 것인가'에 대한 답은 분명해야 한다. 지금의 우륵문화제는 갈림길에 서 있다. 정체성을 강화하고 진화해야 할 시점이다. 단순히 "그때가 되면 하는 행사"가 아니라, "그때를 기다리는 충주 고유의 문화

제"가 되어야 한다. 과거의 전통을 '내부 결속'의 자산으로 삼고, 그것을 기반으로 '외부 확장'의 동력으로 전환하는 것이 과제다. 그렇게 될 때 비로소 이 문화제는 충주의 문화적 자신감을 상징하며, 도시의 미래와 비전까지 담아내는 진정한 얼굴이 될 수 있다.

충북 북부지역 의료의 광역화

충북대의 중증 응급체계와 충주의료원의 필수 과목이 통합된 상급병원

충북 북부권의 의료 인프라를 강화하기 위한 충북대학교병원 충주분원 건립사업이 추진 중이다. 총 4,148억 원을 투입해 500병상 규모로 준비하는 충주분원은 암, 심·뇌혈관, 재활, 응급, 감염병 등 필수 의료 분야를 중점적으로 다루는 중핵병원으로 계획한다. 병원이 완공되면 충주를 비롯한 북부권 시민들은 중증 질환 치료를 위해 멀리 다른 지역으로 가지 않아도 되어 광역 거점이 될 것으로 기대된다.

현재 충주에는 건국대학교 충주병원과 충주의료원 등이 있지만, 모두 300병상 내외의 중소병원으로 전문적인 권역응급의료센터 수준의 대응력이 부족하다는 의견이 많다. 치료의 골든타임이 생명과 직결되는 심근경색, 뇌 질환, 외상, 암과 같은 중증이 현 체계로는 한계가 있다고 해 충주분원 건립 필요성이 꾸준히 제기되어 온 것이다.

당면한 가장 큰 장벽은 기획재정부와 교육부의 의지 및 예비타당성 조사다. 충북대병원은 전체 사업비의 75%를 국비로 충당하길 원하지만, 기재부는 국립대병원 지원 원칙상 병상 증설에는 50~60% 수준만 허용한다는 입장이다. 여기에는 충북대병원의 재정 상태도 부담 요인이다. 2022년 220억 원 흑자를 기록했지만, 2023년에는 46억 원 적자로 돌아섰다. 대규모 건립사업을 감당하기에 재원 기반이 부족하다는 지적이다.

이 상황에서 대안으로 충주의료원과의 통합을 검토해 볼 만 하다. 전체 규모를 축소해서 중증 전문분야에 치중하고 충주의료원에서 산부인과, 소아과 등 필수 진료과를 맡도록 하는 것이다. 분원과 의료원의 역할 분담으로 의료 공백 해소와 효율적 자원 활용이 동시에 가능하다. 신규 병원을 대형 규모로 추진하는 것보다 예타 통과 가능성도 높이고, 충북도의 재정 부담을 줄일 수 있는 현실적 대안일 수 있다.

충북도의 입장에서도 매력적이다. 충주의료원은 만성 적자에 시달려 왔는데, 분원 체계로 편입되면 국비 지원을 활용해 재정 부담을 덜 수 있다. 충북대병원 역시 운영 부담을 줄일 수 있어, 결국 두 기관이 함께 상생하는 구조가 만들어진다.

이 과정에서 건국대 충주병원과 역할 조정도 중요하다. 분원이 생긴다고 해서 기존 민간 대학병원의 역할이 사라지는 것은 아니다. 오히려 진료 분담과 연계를 통해 중복 투자를 줄이고 각자의 전문성을 강화해야 한다. 예컨대 건국대병원은 특정 전문과목과 연구 역량에 집중하고, 분원과 충주의료원은 응급·필수 의료 기능을 담당하는 식이다. 이는 충주 전체 의료체계의 효율성을 높이는 길이기도 하다.

정주 여건에서 중요시되는 의료 정책은 무엇보다 주민 신뢰와 이해가 핵심이다. 병원 건립과 의료원 통합은 생명과 직결된 문제이므로 시민들이 체감할 수 있는 변화와 효과를 통합 과정에 반영해야 한다. 공청회, 설명회를 통한 의견 수렴, 행정의 투명한 공개가 필수적이다. 그래야 시민들이 '이 병원은 우리 지역의 안전망'이라는 확신을 가질 수 있다.

이러한 방안이 검토된다면 필요한 것은 구체적 실행 전략이다. 지역 현실에 맞춘 병원을 구상하고 정치권과 행정 간의 공감대 형성, 시민의 참여, 그리고 국가 차원의 정책적 배려가 맞물려야 한다. 충북대 충주분원의 건립은 그 자체가 충주와 북부권 주민들이 안전하고 믿을 수 있는 의료를 누릴 수 있도록 하기 위한 목적이며 수단이다. 충주의료원과 충북대 분원이 함께 재편된다면 충주 더 나아가 충북 북부권에 안정적이고 지속 가능한 의료 안전망을 구축할 수 있을 것이다.

충북대학교병원(자료 : 충북대학교 병원)

충주시립미술관,
지역 문화의 새로운 중심을 향해

시민의 염원이 만든 문화기반, 충북 북부권 문화예술의 거점 기대

충주시립미술관이 본격적인 사업 추진 단계에 들어섰다. 오랜 시간 지역 예술인들과 시민들이 함께 염원해온 미술관 건립이 2024년 10월 행정안전부 중앙투자심사위원회의 조건부 승인을 받으며 첫 관문을 넘은 것이다.

호암근린공원 내에 건립될 미술관은 전시 공간을 넘어 충주 문화예술 생태계의 구심점이자, 시민의 문화 향유권을 확장하는 상징적 공간이 될 것이다. 호암지와 시민의 숲이 인접해 있어 자연과 예술이 조화를 이루는 열린 문화공간으로서의 입지를 갖는다. 부지는 1만 2,300㎡, 건물 연면적 4,910㎡, 지하 1층·지상 2층 규모로 건립되며, 전시실 외에도 수장고, 교육실, 아트숍, 카페 등 다양한 문화 기능이 집약될 계획이다.

총사업비는 394억 원 규모로, 이 중 충청북도가 균형발전특별회계 및 도비 등을 통해 약 250억 원을 지원하며, 나머지는 충주시가 분담한다. 충북도 차원에서도 북부권의 문화 인프라 확충과 예술 자원의 분산화를 위해 이 사업을 전략적으로 지원하고 있다.

미술관 건립이 본격화된 배경에는 지역 예술계와 시민사회의 꾸준한 요청과 참여가 있었다. 2015년, 충주 지역 미술인 단체들과 시민 1,965명이 공동 청원서를 시에 제출하며 공식적으로 논의가 시작됐고, 그 이후 약 10년 동안 행정과 시민, 예술계가 함께 사업의 방향을 다듬어왔다. 단순히 행정 주도가 아닌 시민 참여형 공공문화사업이라는 점에서도 의미가 깊다.

충주시립미술관이 완공되면 얻을 수 있는 효과는 다양하다. 첫째, 미술관은 지역 미술인들에게 창작 발표의 공간이자, 시민들에게는 문화예술을 일상 속에서 경험할 수 있는 거점 공간이 될 것이다. 둘째, 교육과 체험 중심의 콘텐츠 운영을 통해 어린이부터 고령층까지 폭넓은 문화 교육 기회를 제공할 수 있어 지역사회의 문화 복지 기능을 확장하는 기반이 된다. 셋째, 호암지와 시민의 숲 인근이라는 입지는 관광자원과의 연계 가능성을 높인다. 미술관을 중심으로 산책로, 카페, 공공예술 프로젝트, 예술 축제 등을 연계하면 외부 관광객 유입은 물론, 지역 상권의 재생에도 긍정적 파급 효과를 가져올 수 있다.

충주시립미술관은 단순한 건물이 아니다. 시민의 염원, 지역 문화의 미래, 도시의 품격을 담는 상징적 공간이다. 이 미술관이 단지 전시를 위한 박제된 공간이 아니라, 사람과 예술, 자연과 도시가 소통하

충주미술관 건립 부지 위치(자료 : 충주시)

는 플랫폼으로 작동할 수 있도록 앞으로의 준비가 더욱 중요하다.

지금 충주는 본격적인 문화도시로 나아갈 수 있는 전환점에 서 있다. 미술관 건립을 통해 예술이 일상에 녹아들고, 도심이 살아 숨 쉬며, 시민이 문화의 주체가 되는 도시로 거듭나기를 기대해 본다. 시민과 예술가, 행정이 함께 만들어갈 충주시립미술관의 첫걸음이 지역 문화의 미래를 열 수 있기를 바란다.

반려동물과 함께하는 충주

사람과 동물의 공존, 지역경제 활성화까지 포괄하는 방향으로 진화

전국적으로 반려동물을 키우는 가구 비율은 25%를 넘어섰다. 충주도 역시 도시화와 1~2인 가구 증가에 따라 반려동물 인구가 빠르게 늘고 있다. 이에 따라 조례 제정, 입양 지원, 중성화 사업, 공공 놀이터 운영 등 다양한 정책을 펼치며 반려동물 친화 도시의 기반을 다지고 있다. 이제는 한 걸음 더 나아가 동물복지, 공간 인프라 확장과 지역경제 연계까지 전국적 모델 도시로 성장할 수 있도록 준비할 필요가 있다.

충주는 2021년 제정한 「충주시 반려동물 및 유실·유기동물 보호와 학대방지 조례」를 제정했다. 시장의 정책 수립 의무, 실태조사 관리, 시민교육, 전담 기구 운영 등을 규정하며 지자체에서 반려동물 행정의 제도적 기반을 마련한 것으로 평가된다.

정책 성과도 눈에 띈다. 2016년부터 동물보호센터를 통해 유실·유기 동물 구조, 치료와 입양까지의 과정을 관리하고 있다. 2024년부터는 유기 동물을 입양한 시민에게 최대 15만 원의 예방 접종비와 초기 관리비를 지원하고 있으며, 길고양이 중성화 수술비도 전액 보조해 도시 생태계와 주민 삶의 조화를 도모하고 있다. 충주종합운동장 부지에 설치한 무료 반려동물 놀이터는 하루 평균 100명 가까운 시민이 찾는 명소로 자리 잡았다. 최근에는 올바른 반려 문화 정착을 위해 반려동물 문화 교실을 개설했다.

여기서 멈추지 않고 새로운 도약으로 반려동물 산업에 앞장서야 한다. 반려동물 정책은 단순한 보호 차원을 넘어, 사람과 동물의 공존, 시민의 심리적 안정, 지역경제 활성화까지 포괄하는 방향으로 설계하는 것이 바람직하다.

먼저, 보호자 복지 중심의 정책 전환이 필요하다. 반려동물 보호자 심리지원 상담, 펫로스 치유 프로그램, 돌봄 휴식 지원제도 등을 도입해 사람을 위한 동물복지 정책으로 확장할 수 있다. 이를 위해 공공부문에서 동물복지 복합공간 설립으로 단순 보호센터를 넘어 임시 보호, 시민교육, 청소년 생명 존중 체험, 입양 카페, 노인·장애인 맞춤 입양 연계 프로그램까지 아우르는 복합 플랫폼을 구축하는 것이다.

산업·관광 연계 전략도 찾아야 한다. 충주는 수도권 접근성이 좋고 충주호·월악산 등 자연환경이 풍부하다. 이를 활용해 '반려동물 동반 여행주간', '펫캉스 관광 코스', '반려견 마라톤', '반려동물 영화제' 같은 이벤트를 열고, 민간 숙박·음식점과 협력해 '펫 프렌들리 인증제'

를 운영할 수 있다. 강원 평창이 반려견 동반 호텔·캠핑장으로 관광객을 끌어들였고, 전남 담양이 반려동물 힐링센터와 체험농장을 연계해 지역경제를 살린 사례는 충주에 좋은 참고가 된다.

　반려동물 정책의 기본기를 튼튼히 다져온 것은 평가받을 만하다. 앞으로는 사람과 동물이 함께 행복한 복지 확장, 지역경제 활성화, 도시 이미지 혁신이라는 세 축으로 도약할 시점이다. 반려동물과 함께하는 것이 더는 사적인 취미가 아니다. 이제는 도시 정책의 중요한 위치에 있으며, 시민 복지와 지역경제, 공동체 문화를 아우르는 중심으로 자리 잡아가고 있다. 충주가 전국에서 가장 반려동물과 공존하기 좋은 도시로 거듭나길 바란다.

반려동물 정책은 지역경제 활성화까지 포괄하는 방향으로 설계하는 것이 바람직하다.

문화동 변천에서 찾는 원도심의 힘

새로운 가능성이 숨 쉬는 곳, 충주시평생학습관과 문화어울림센터

문화동은 한때 충주시 행정과 의료, 문화의 중심지였다. 지금은 이마트 건물이 자리한 곳에 충주시청이 있었고, 건강복지타운 부지에는 도립 충주의료원이 시민의 건강을 지켰다. 어머니회관-여성회관은 지역 여성들의 교육과 모임의 거점이었으며, 지금은 음악창작소로 변신해 새로운 기능을 수행하고 있다. 이러한 변화는 도시 발전 과정에서 자연스럽게 일어난 일이지만, 동시에 문화동이 지녔던 정체성이 약화된 과정이기도 하다.

신연수와 호암동 신시가지 개발은 원도심 인구와 상권의 이동을 가속했다. 주거 형태가 아파트 중심으로 바뀌고 신도시 계획지구가 늘어나면서 문화동을 비롯한 구도심은 점차 비어갔다. 결혼과 직장 이동으로 인한 2인·1인 가구 증가도 원도심 공동화 현상을 심화시켰다.

이는 충주만의 문제가 아니다. 전국적으로 오래된 도시에서는 관공서 이전, 교육기관의 외곽 이전, 대형 상업시설의 이동이 맞물리면서 구도심이 활기를 잃고, 상권이 침체되며 빈 점포가 늘어나는 악순환에 빠지곤 한다.

그렇다고 해서 원도심의 미래가 어두운 것만은 아니다. 그곳은 도시 역사와 생활문화가 켜켜이 쌓인 공간이다. 따라서 새로운 도시 기능과 결합하면 재도약의 기반이 될 수 있다. 이를 위해서는 물리적 재개발뿐 아니라 생활, 문화, 교육이 어우러진 종합적인 재생 전략이 필요하다. 작은 도서관, 문화센터, 창작 공방 같은 생활밀착형 시설을 확충하고, 오래된 건물을 리모델링해 창업 인큐베이팅 공간이나 예술인 작업실로 활용하는 것도 좋은 방법이다. 교통 접근성 개선 역시 필수 과제다. 원도심 특유의 좁은 도로와 언덕길 구조는 접근성을 떨어뜨리므로, 셔틀버스 신설, 순환버스 노선 확대, 보행자 친화 거리 조성이 함께 이뤄져야 한다.

이러한 맥락에서 주목할 만한 사례가 바로 문화동에 자리 잡은 충주시평생학습관과 문화어울림센터다. 호암동 신시가지로 이전한 남한강초등학교 부지에 들어선 평생학습관은 원도심 재생의 거점으로, 나이·직업·학력에 관계없이 누구나 배우고 성장할 수 있는 열린 공간이다. 직업기술, 인문학, 취미 강좌 등을 통해 시민들의 지적·정서적 역량을 높이며, 배움의 경험을 시민의 권리로 자리매김하고 있다. 다만 위치가 언덕에 있어 접근성이 떨어지는 점은 여전히 개선이 필요한 과제다. 셔틀버스 운행, 주차 공간 확충, 도보 접근로 정비 같은

충주시평생학습관과 문화어울림센터

현실적인 조치가 병행돼야 한다.

문화어울림센터는 전시실, 체력단련실, 카페, 공유주방 등을 갖춘 복합문화 공간으로 또 다른 가능성을 제시한다. 이곳은 시민들이 일상 속에서 문화와 여가를 경험하고 교류할 수 있도록 설계됐다. 문화어울림센터의 기능은 평생학습관과 함께 원도심의 '교육+문화 양대 거점'으로 시너지를 낼 수 있다.

나아가 상권 활성화와 연계한 전략도 필요하다. 원도심만의 특화된 먹거리와 문화거리를 조성하고, 주말 플리마켓이나 야시장 같은 이벤트를 열어 외부 방문객을 끌어들일 수 있다. 평생학습관과 문화어울림센터에서 열리는 강좌, 공연, 전시와 주변 상권이 연결된다면 교육·문화 활동이 곧바로 지역경제로 이어지는 선순환 구조를 만들 수 있다.

원도심 재생에서 중요한 것은 하드웨어가 아니라 소프트웨어다. 건물과 도로를 새로 짓는 것보다 그 공간을 채우는 사람과 활동이 핵심이다. 평생학습관과 문화어울림센터 같은 열린 플랫폼은 시민들이 서로 배우고 가르치며 새로운 관계망을 형성하는 구심점이 된다. 이러한 활동이 지속적으로 쌓이면 원도심은 '오래된 곳'이라는 이미지를 벗고, '새로운 가능성이 숨 쉬는 곳'으로 거듭날 수 있다.

삼원초 수영장에서 추억하는 어린 시절

물과 햇볕, 바람을 함께 경험할 수 있는 아이들의 놀이 공간

어릴 적 용탄 강에서 물놀이는 내게 잊을 수 없는 추억이었다. 여름이면 약속 없이도 동네 아이들은 강으로 모여들었다. 시원한 물살을 가르며 헤엄치며 놀았고 어른들은 투망으로 꺽지, 빠가사리 같은 민물고기를 잡았다.

강물 한가운데 집채만 한 '마당 바위'가 있었다. 바위는 아이들의 쉼터였다. 찬물 속에서 몸이 으슬으슬해질 때면 너른 바위에 엎드려 햇볕을 쬐며 몸을 덥혔다. 자연이 주는 자유와 풍요를 온전히 느낄 수 있는 계절의 선물이었다. 그러나 1985년 충주댐이 완공되면서 불어난 물에 바위는 물속으로 사라졌고, 덩달아 아이들의 여름 놀이터도 사라졌다.

세월이 흐른 지금, 우리 아이들이 자연 속에서 계절 놀이를 즐길 수

삼원초등학교 야외 수영장

있는 장소는 거의 남아 있지 않다. 도시 개발로 강가, 숲, 들판이 줄어들었고, 놀이의 대상도 변했다. 예전에는 동네 친구들과 삼삼오오 모여 놀았지만, 이제는 가족 단위 나들이가 주를 이루고, 유명 워터파크나 테마파크처럼 대규모 상업 시설을 찾아야 하는 경우가 많다. 문제는 이 같은 시설이 적지 않은 비용을 요구해 경제적 부담이 크다는 점이다.

이런 현실에서 삼원초등학교를 지나며 본 야외 수영장은 유난히 반가운 풍경이었다. '수영장'이라는 안내판에 이끌려 잠시 들어가 보니, 그늘막이 덮인 야외 풀장에서 초·중등 학생들이 운동을 하고 있었다. 머리 위로 파란 하늘이 열려 있어, 마치 자연 속 물가에서 노는 듯한 개방감을 준다. 그 모습이 어린 시절 용탄강에서 뛰놀던 기억을 떠올리게 했다. 물론 인공 시설이기에 강물의 냄새나 바위의 질감은 없지만, 아이들이 하늘을 바라보며 물놀이를 할 수 있다는 점에서 자연과의 연결성을 어느 정도 회복한 공간이라 할 수 있다.

삼원초 야외 수영장이 보여주는 것은 단순한 운동 시설 이상의 의미다. 아이들이 도심 속에서 계절의 변화를 느끼고, 물과 햇빛, 바람을 함께 경험할 수 있는 공간이 있다는 것은 그 자체로 교육적이고 정서적인 가치가 크다. 더구나 학교라는 안전한 환경 안에서 운영되기 때문에 부모들이 안심할 수 있고, 학생들도 일상적으로 이용할 수 있다.

앞으로 우리 사회가 고민해야 할 것은 이렇게 작은 규모지만 안전하고 접근성 좋은 계절 놀이 시설을 여러 군데 고르게 늘리는 일이다.

크지 않아도 좋다. 집에서 걸어서 갈 수 있는 거리나 대중교통으로 쉽게 접근 가능한 곳에, 계절별로 다양한 체험이 가능한 공간을 마련한다는 것이 중요하다. 여름에는 작은 야외 수영장이나 물놀이터, 봄과 가을에는 잔디광장과 놀이터, 겨울에는 눈썰매장이나 빙상장이 될 수 있다.

또 이런 시설은 단순한 놀이 공간을 넘어 지역 공동체의 거점이 될 수 있다. 아이들은 놀이 속에서 사회성을 기르고, 부모들은 이웃과 교류하며 관계를 확장할 수도 있다.

1985년 이전의 용탄 강으로 더는 되돌릴 수 없다. 그러나 그 강이 주었던 자유와 계절의 기쁨은 다른 방식으로 되살릴 수 있다. 삼원초 야외 수영장은 그 가능성을 보여주는 하나의 사례다. 하늘이 보이고, 바람이 통하며, 아이들이 마음 놓고 뛰어놀 수 있는 공간. 그것이야말로 현대 도시에서 점점 사라져 가는, 그러나 반드시 지켜 주어야 할 어린 시절의 놀 권리다. 앞으로 이런 계절 놀이터를 꾸준히 늘려간다면, 우리 아이들의 여름은 다시 웃음과 물방울로 빛날 것이다.

노인복지의 한계와 대안

60, 70대의 사회적 역량은 지역의 자산

어느 지인이 최근 "노인복지관 다니는 재미가 쏠쏠하다"는 근황을 전했다. 아직 노인 시설을 이용할 나이는 아니라고 생각했지만, 알고 보니 만 60세 이상이면 회원 가입이 가능하다. 복지관에서는 그림, 음악, 외국어, 요가 등 20여 종의 다양한 여가 프로그램을 운영하며, 점심 식사 서비스도 제공한다. 교현동 본관, 남부 분관, 동부 분관에서 각각 프로그램을 운영해 접근성을 높였다는 점도 눈에 띈다.

지난달 기준 충주시의 60~70대 인구는 약 5만7,600명으로, 전체 인구의 27.8%를 차지한다. 이 연령대는 신체 건강뿐 아니라 지식과 경험도 풍부해 사회 기여 가능성이 높은 세대다. 따라서 단순한 여가 프로그램 중심의 복지에서 한 걸음 나아가, 이들의 역량을 사회적으로 활용할 수 있는 기회의 설계가 필요하다. 그러나 현실적으로 현재

충주시노인복지관 동부분관 준공식

의 노인복지 체계에는 몇 가지 한계가 존재한다.

첫째, 경제·시간 여유가 있는 노인층에 편중되는 경향이 여가 중심 복지로 나타난다. 프로그램이 주로 취미·교양 활동에 초점을 맞추고 있어, 경제적 자립과 사회 참여 욕구가 높은 60~70대의 요구를 충분히 반영하지 못한다. 여전히 많은 노인이 일할 의지와 능력을 갖추고 있음에도, 지역 내에서 이를 연결해 주는 제도나 일자리가 부족하다. 경제적 지원이 가장 큰 복지일 수 있다는 점에서 일자리와 연계된 프로그램이 필요하다.

둘째, 지역 간 불균형 문제가 여전하다. 북부 지역에는 아직 노인복지관이 없어 인근 거주 노인들은 장거리를 이동해야 한다. 이는 단순한 편의성 문제를 넘어, 지역 간 복지 격차를 심화시킬 수 있다. 권역별 복지거점 확대가 필요하다. 인구와 교통 여건을 고려해 북부·서부·동부·남부에 소규모 '노인 커뮤니티 센터'를 설치하고, 기존 대형 복지관과 네트워크를 구성하면 거점 간 프로그램을 공유하면서도 이동 부담을 줄일 수 있다.

셋째, 세대 간 교류형 프로그램 확대다. 노인복지관 프로그램을 청소년·청년과 함께하는 형태로 개방하면, 노인들의 사회 참여 기회가 늘고 세대 간 단절도 완화된다. 예를 들어, 노인의 기술·경험을 청년에게 전수하는 '인생 멘토링' 프로그램이나, 청년이 디지털 기술을 가르치는 '스마트 기기 교실'이 가능하다. 일본의 요코하마시의 경우, '세대 공존'과 '지역회복'이라는 목적 아래 학생들과 고령 주민이 상호작용하면서 단지 전체의 활성화를 꾀하는 활동이 이름나 있다.

결국 60~70대는 단순히 '복지 대상자'가 아니라, 지역사회 발전에 기여할 수 있는 활동 인구로 인식해야 한다. 여가 중심 복지와 경제활동 기회를 결합한 정책은 노인의 삶의 질을 높이는 동시에, 지역의 노동력 부족 문제를 완화하는 효과를 낼 수 있다.

충주와 같은 지방 도시는 인구 고령화 속도가 빠르고, 청년층 유출이 지속되고 있다. 이때 노인 인구를 '부담'이 아니라 '자산'으로 활용하는 전략이야말로 지속 가능한 도시 운영의 핵심이다. 지역 간 복지 격차를 해소하고, 여가와 일자리가 균형을 이루는 시스템을 만든다면, 충주는 노인 친화 도시를 넘어 세대 모두가 살기 좋은 정주 환경을 갖춘 도시로 도약할 수 있을 것이다.

충주YWCA, 여성의 미래를 여는 열쇠

여성 고용과 보육 지원으로 인구 문제의 해법에 연결

　세월이 흐르며 삶에 관한 의식이 변하고 여성의 역할도 달라지고 있다. 그런 가운데 좀처럼 바뀌지 않거나 갈등으로 드러나는 것이 일과 가정의 양립이며 그 뒤에 경력단절이라는 사회적 손실이다.

　그 현실을 정면으로 바라보고 풀어온 곳이 충주YWCA다. 단체는 40여 년 전 출발해 지역 여성의 삶에 직접 다가섰다. 충주 같은 중소도시 환경에서 단순한 직업교육만으로는 여성 문제를 해결할 수 없다는 걸 일찍 깨달았다. 아이 맡길 곳이 없어 일을 포기하는 현실, 경력이 끊어져 사회에 복귀하지 못하는 현실을 외면하지 않았다. 그래서 돌봄 서비스 교육과 일자리 연계를 함께 추진했다.

　사람의 역량을 계속해 이어주는 일은 사회의 잠재력이다. 충주YWCA의 시도는 같은 맥락에서 큰 의미가 있었다. 아이를 믿고 맡길 수 있는 환경이 만들어지자 여성들은 단기 아르바이트가 아니라 정규적인 직업훈련과 안정적인 일자리에 참여할 수 있었다. 다시 일할 수 있다는 자신감을 되찾고, 스스로의 가능성을 확인한 것이다.

이들의 활동은 단지 고용 문제에 머물지 않았다. 가정폭력 상담, 성평등 의식 교육, 사회적 약자와의 연대 활동까지 확장됐다. 여성들이 '보호받아야 할 존재'가 아니라 '사회 변화를 함께 이끄는 주체'라는 사실을 지역 사회에 각인시켰다. 이런 변화는 겉으로는 조용했지만, 그 뿌리는 깊게 내렸다. 여성 스스로가 자기 목소리를 내고, 또 시민으로서 권리를 주장할 수 있도록 돕는 과정이었다.

지금 충주는 인구 감소, 청년 유출, 고령화라는 삼중의 과제에 직면해 있다. 이런 상황에서 여성의 역량을 온전히 활용하는 것은 단순한 성평등 차원을 넘어 도시의 생존 전략이다. 여성들이 육아 때문에 경력이 단절되지 않고, 아이 키우는 일이 개인이 아니라 공동체의 책임이라는 인식이 자리 잡을 때 충주는 더 많은 청년 세대가 머무를 수 있는 도시가 된다. 결국 여성 고용과 보육 지원은 인구 문제의 해법과도 연결된다.

마침 9월 1일부터 7일까지는 양성평등 주간이다. 성별에 따른 차별을 넘어, 모두가 동등하게 참여하고 대우받아야 한다는 약속을 되새기는 시간이다. 충주YWCA가 지난 40년 동안 걸어온 길은 바로 그 약속을 지역에서 실천해 온 과정이었다. 여성의 경제적 자립과 사회적 기여를 높이는 것은 여성만의 문제가 아니다. 남성과 여성이 함께 일과 가정의 책임을 나눌 때, 사회는 더 건강하고 지속 가능한 방향으로 나아간다.

 YWCA가 줄곧 강조해온 가치, 즉 인권, 돌봄, 연대는 오늘날 충주에서도 여전히 유효하다. 이들의 사례는 지방 중소도시가 성평등을 기반으로 성장 동력을 만들 수 있음을 보여준다. 앞으로 공공과 민간이 힘을 합쳐 돌봄과 고용을 동시에 지원한다면, 충주는 여성의 권리와 역량이 온전히 발휘되는 도시로 거듭날 수 있다.

 충주YWCA의 걸음을 단순한 여성단체의 활동을 넘어 지역의 미래를 열어가는 열쇠다. 여성의 권리와 역할을 넓혀가는 일은 곧 도시의 활력을 되살리는 길이다. 도시의 미래는 결국 사람에게 달려 있고, 충주의 미래는 여성을 온전히 인정하고 함께 세워가는 데 달려 있다.

충주YWCA 앞에서

장거리 공용버스의 공공성, 지역과 함께 가야 한다

장거리 시외버스는 생활권 유지의 수단으로 민관이 함께 유지해야

연휴나 주말이 되면 충주에서 서울로 향하는 고속버스표는 귀한 몸이 된다. 하루 평균 15분~30분 간격으로 배차가 이뤄지고 있지만, 여전히 수요를 감당하기에는 부족하다는 지적이 이어진다. 이는 단순히 이용의 불편함을 넘어, 충주와 수도권을 잇는 대중교통의 기반이 다양하지 못하다는 현실을 방증한다.

고속버스는 단순한 교통수단이 아니다. 중장거리 이동이 필요한 시민에게는 철도와 더불어 국가 기간 교통망의 한 역할을 담당한다. 따라서 노선 활용과 유지 여부를 단순히 수익성으로만 따질 수 없는 부분이 있다.

얼마 전, 수안보·주덕·신니에서 동서울로 오가던 노선이 적자 문제로 폐지되었다가, 특별교부세 지원을 통해 복원된 사례가 이를 잘 보여준다. 적자 노선이라 해도 지역 주민에게는 생존권과 직결된 문제였다. 병원 진료, 아이들 교육, 문화생활 등 필수 생활권 접근을 가능하게 하는 것이 바로 이 노선이었기 때문이다.

실제로 읍·면 단위의 농촌 지역은 의료·교육·문화 인프라가 턱없이 부족하다. 이때 고속·시외버스는 단순히 '탈 것'이 아니라 '생활권 확장'의 절대 수단이다. 교통망이 끊기면 그 지역의 인구는 더 빨리 줄어든다. 이는 곧 지역소멸의 원인으로 이어진다. 그렇기에 버스 운행은 수익만으로 따질 것이 아니라, 공공 기능 차원에서 접근해야 하는 것이다.

다른 도시의 사례는 이를 잘 보여준다. 강원도 정선의 경우, '탄광 도시'에서 관광지로 바뀌는 과정에서도 시외버스 노선 축소 문제가 불거졌다. 당시 지역사회와 지자체가 협력해 공영버스를 도입, 교통 취약지를 직접 지원하는 방식으로 문제를 풀어냈다.

전남에서도 섬 지역 주민의 교통권 보장을 위해 '도서 지역 공영버스'를 운영하면서, 적자 보전은 지방재정 등 공공 목적으로 일부 충당한 일이 있다. 수익은 나지 않지만 주민 생활에 반드시 필요한 구색을 갖춘 것이다. 마치 대형 마트에서 이익이 적은 품목도 소비자를 위해 필수품을 구비 하는 것처럼, 교통 역시 공공성 차원에서 유지되어야 한다.

충주의 고속버스는 45년의 역사를 갖고 있다. 그 긴 세월 동안 지역민과 함께 어울려 온 존재다. 이제는 지역사회와 공생하는 방식에 인색하지 않아야 한다. 수익이 나는 노선만 유지하고, 적자가 난다고 대

충주고속버스, 이제는 고속버스가 공공성 강화와 상생의 길로 함께 나아가야 할 시점이다

책 없이 접는다면 교통망 균형은 무너질 수밖에 없다. 오히려 흑자 노선에서 얻은 이익 일부를 적자 노선에 환원하거나, 지방재정 등 공적 자금을 통해 보전하는 사회적 합의가 필요하다.

충주는 중부내륙과 영남권에서 수도권과 지방을 잇는 관문이다. 교통망의 안정성은 곧 충주의 지속 가능성을 결정한다. 공용버스가 단지 민간의 영리사업이 아니라, 지역사회의 동맥으로서 책임을 다할 때 비로소 충주와 같은 중소도시는 더 큰 활력을 가질 수 있다. 고속버스가 공공성 강화와 상생의 길로 함께 나아가야 할 시점이다.

충주조정경기장 유산과 미래

국제 교류의 장, 수상 스포츠와 관광을 겸한 경제 활성화의 거점

　2013년 탄금호에서 열린 세계조정선수권대회는 충주 역사상 가장 큰 국제 스포츠 행사였다. 전 세계 70여 개국 선수단이 모여 충주라는 지명을 국제 무대에 각인시킨 이 대회는 단순한 체육대회가 아니었다. 대회로 인해 북충주 IC가 신설되고, 우리나라 최대 규모의 조정경기장과 부대시설이 조성되었으며, 반대편 골프장과 어울린 탄금호 일대의 풍광은 세계 각국에서 온 선수단으로부터 찬사를 받았다. 충주는 이 대회를 통해 교통 인프라, 스포츠 시설, 도시 브랜드라는 세 가지 자산을 동시에 얻었다.

　그러나 대회 이후의 활용은 기대에 못 미쳤다. 거대한 경기장은 관리 비용만 남은 채, 제대로 자리 잡지 못했다. 지금은 많이 달라졌다. 5km를 직선으로 완주할 수 있는 조건에 실내경기장도 생겨 매년 5천

명가량의 선수들이 전국에서 전지 훈련을 위해 찾고 있다. 경기장은 지역사회의 자산이자 도시의 얼굴이다. 그렇다면 이제 충주조정경기장이 어떤 길을 걸어야 할 것인가.

첫째, 경기장은 국제 교류 플랫폼으로 전환해야 한다. 조정은 올림픽 정식 종목이자 세계적으로 인기가 높은 스포츠다. 정기적인 국제대회를 유치하고, 아시아 청소년·대학생 선수권 같은 중규모 대회를 정례화한다면, '아시아 조정 수도'라는 브랜드를 만들 수 있다. 이를 통해 충주는 단순히 국내 훈련지가 아니라, 국제 조정의 허브로 자리매김할 수 있다.

둘째, 생활체육과 관광을 접목한 복합공간으로 발전해야 한다. 조정은 전문 선수들만의 종목이라는 인식을 벗어던져야 한다. 카약, 드래곤보트, 패들보드 등 생활형 프로그램을 운영하고, 학교 교육과 연계해 학생 체험학습을 활성화하면 경기장은 시민 친화적 공간이 될 수 있다. 또한 탄금호 수변을 따라 산책로와 자전거도로, 가족 피크닉 공간을 연결하면 시민들이 일상에서 경기장을 누릴 수 있다. 나아가 골프장과 호수 풍광을 연계해 수상스포츠와 레저관광을 아우르는 '워터스포츠 테마파크'로 발전시킬 수도 있다.

셋째, 운영 주체의 전문화가 요구된다. 지금처럼 시설 관리에 머물러서는 활용도를 높일 수 없다. 공공과 민간이 협력하는 전담 재단을 설립해 국제대회 유치, 관광 상품 개발, 지역 축제 연계 등을 한 틀에서 추진해야 한다. 유지비 부담을 줄이고, 오히려 수익을 창출하는 구조를 만드는 것이 중요하다. 해외에서는 경기장 자체가 수익을 내고

탄금호 국제조정경기장

지역 경제를 견인하는 모델이 적지 않지만, 우리 사정은 다르므로 스포츠와 관광이 어울린 복합 사업으로 유지 방법을 찾아야 한다.

 2013년 세계조정선수권대회는 충주의 자부심이며 상징이다. 그러나 그 성과를 이어가지 못한다면 대회는 그저 역사에만 기록될 뿐이다. 대회의 유산은 과거의 영광이 아니라, 미래를 여는 자산으로 활용되어야 한다. 탄금호 조정경기장이 전지 훈련장 기능에서 벗어나 국제 교류의 장, 시민의 여가 생활공간, 관광과 경제 활성화의 거점으로 발전하기를 바란다.

충주공고, 한림디자인고, 충주상고의 특성화 가치

지역의 산업 생태계를 떠받치는 핵심 인재 공급

우리 사회는 오랫동안 좋은 대학에 들어가는 것을 '성공의 표식'처럼 여겨왔다. 그러나 대학 진학률이 70%를 넘어서는 오늘, 학력 인플레라는 역설적 현상과 구직난으로 대학 졸업장은 흔해졌지만, 정작 현장에 필요한 기술 인력은 부족하다. 이 불균형 속에서 주목받는 것이 특성화고의 역할이다. 충주에도 지역 산업과 교육 연계를 통해 진로의 모범 사례를 보여주는 학교가 있다.

대표적인 곳이 충주공업고등학교다. 충주공고는 오랜 전통의 산업 인재 배출 학교로, 특히 현대엘리베이터와 손잡고 개설한 승강기 학습 과정은 전국적으로도 드문 특성화 모델이다. 학생들은 고등학교 과정에서부터 엘리베이터 설치, 유지보수, 제어시스템 등 실무 중심의 커리큘럼을 배우며, 산업 현장과 동일한 장비를 다루는 경험을 쌓는다. 기업은 현장 맞춤형 인재를 조기에 발굴·양성할 수 있고, 학생들은 졸업과 동시에 안정적인 취업 기회를 얻을 수 있다. 나아가 일부는 사내 대학 과정을 통해 심화 교육을 받으며, 숙련된 엔지니어로 성장할 길이 열려 있다.

비슷한 맥락에서 한림디자인고의 사례도 빼놓을 수 없다. 한림디자인고는 디자인·문화콘텐츠 분야의 특성화고로, 시각디자인, 패션, 제품 디자인 등 실용 학문을 현장 중심으로 가르친다. 단순히 예술적 감각을 키우는 것을 넘어, 지역 산업체와 연계된 프로젝트 수업을 통해 학생들이 실제 결과물을 만들어내는 경험을 강조한다. 졸업생들은 전문대·대학 진학뿐 아니라, 곧바로 스타트업 창업이나 디자인 회사 취업으로 이어지는 경우도 많다. 최근에는 K-콘텐츠와 연계해 그래픽, 영상 분야까지 확대하며 산업 현장의 요구를 반영하고 있다.

여기에 최근 전국상업경진대회에서 전국 1위를 한 충주상업고등학교도 빠질 수 없다.

학교는 독창적인 커리큘럼과 전문 지도를 통해 지역 특성화고가 단순 취업 중심을 넘어, 실무 능력과 전문성을 갖춘 인재 양성의 중심임을 확인해 준다. 회계·금융·유통·디지털비즈니스 등 변화하는 산업 수요에 맞춘 교육과 현장 실습을 강화해 학생들의 경쟁력을 높였다. 이러한 성과는 지역 산업과 연계한 맞춤형 교육 모델의 성공 사례로, 특성화고의 미래가 단순한 직업학교를 넘어 '지역 산업 인재 허브'로 성장할 수 있음을 시사한다.

충주의 특성화고 사례는 서로 다른 분야이지만 공통된 메시지를 던

특성화 학교인 충주공고, 한림디자인고, 충주상고

진다. 그것은 대학 진학과 다르게 본인의 진로를 스스로 개척해 나간다는 것이다. 충주는 제조 기능, 디자인, 비지니스라는 각각의 영역에서 특성화 교육의 가능성을 보여주고 있다. 특히 승강기 학습 과정은 첨단 기술을 결합한 산업 인재 양성 모델이고, 한림디자인고는 창의와 감성을 기반으로 한 문화 인재 양성 모델, 충주상고는 실무 맞춤형 기업 인재 양성 모델로 성과를 내고 있다.

이들 학교의 성과는 지역 차원에서도 중요하다. 충주가 첨단 제조와 문화·관광 도시로 동시에 도약하기 위해서는 기술과 창의, 실무 능력을 가진 인재가 함께 필요하다. 특성화고는 단순히 직업학교가 아니라, 지역의 산업 생태계를 떠받치는 핵심 인재 공급처다. 더구나 이들이 정착해 지역사회에서 경력을 이어간다면, 지역 인구 구조에도 긍정적인 효과를 준다. 대학 진학을 위해 수도권으로 떠나는 대신, 지역에서 성장할 수 있는 경로가 마련되는 것이다.

앞으로 필요한 것은 이 같은 모델을 더욱 확산하고 지역 대학·기업·지자체가 긴밀히 협력하는 산학 일체형 교육으로 제도화하는 것이다. 또 지역행사와 정책과 연계해 학생들의 작품이 도시 브랜딩에 참여할 수 있다. 특성화고는 단순한 대안 교육이 아니라, 청소년들에게 '또 하나의 성공 경로'를 보여주는 새로운 교육 장치다.

탄금공원, 정책의 엇갈림

공공시설 명칭과 활용 기반은 지역 정체성에 있다

 칠금동 탄금공원은 지역 시민뿐 아니라 외부 관광객에게도 사랑받는 명소다. 그러나 이 공원은 단순한 쉼터가 아니라, 지난 20년간 지방자치단체가 펼친 정책과 정치적 의도가 중첩된 공간이다. 이름만 보더라도 그 흐름이 뚜렷하다. 한때 유엔평화공원, 이후 무술공원, 그리고 다시 오늘날의 탄금공원으로 불리는 변천은 지역 정체성과 정책 비전의 불일치가 어떻게 공간에 흔적을 남기는지를 잘 보여준다.
 처음 이곳이 유엔평화공원으로 불렸을 때, 정책적 기조는 분명했다. 반기문 유엔사무총장을 배출한 도시로서 국제적 연대를 강조하는 기념 공간으로 만들겠다는 취지였다. 충주는 내륙의 교통 중심지라는 상징성이 있었고, 평화라는 보편적 가치는 지역의 울타리를 넘어 확장 가능한 브랜드였다. 하지만 시간이 흐르면서 공원은 국제적 담론을 끌어안는 데 실패했다.

다음은 무술공원이었다. 무술축제·무술박물관·세계무술연맹 등 일련의 프로젝트가 이어졌다. 공원의 이름 역시 이러한 정책의 연장선에서 붙여졌다. 처음에는 설득력이 있었다. 택견이 모티브가 되어 전통 무예의 정통성을 강조한다는 점은 문화적 스토리텔링으로 매력적이었다. 하지만 시간이 흐르며 문제가 드러났다. 무술 산업 자체가 대중적 기반을 넓히지 못했고, 관광·산업 연계 효과도 기대에 미치지 못했다. 정책적 재원이 투입된 만큼의 성과가 따라오지 않았다. 무술공원이라는 이름이 무색해졌다.

결국 공원은 다시 탄금공원으로 바뀌었다. 탄금대, 우륵이 가야금을 탔다고 전해지는 충주의 대표적 전설은 시민들에게 익숙하고, 관광객에게도 설명하기 용이하다. '탄금'이라는 이름은 억지스럽지 않

충주 탄금공원

고, 충주의 역사적 정체성과 맞닿아 있기에 선택하기 쉬웠는지 모른다. 이렇게 명칭의 변화는 단순한 조정이 아니라, 정책적 메시지를 담고 있다. 시대에 따라 지자체장이 내세운 비전이 공간에 덧입혀졌다.

탄금공원의 이름 변천은 '정책적 이상'과 '현실적 활용' 사이의 긴장을 보여준다. 유엔평화공원은 세계적 가치와 연결되려 했지만, 실질적 교류 기반이 부족해 공허해졌고, 무술공원은 특정 지도자의 철학이 투영된 야심찬 계획이었으나 지역의 생활문화와 괴리되며 동력을 잃었다.

여기서 얻을 수 있는 교훈은 분명하다. 도시 공간의 명명과 활용은 단순히 행정적 결정을 넘어 지역 공동체의 기억과 정체성 위에 서야 한다는 것이다. 정책은 단기적 치적이나 특정인의 구상에 머물지 않고, 공간의 본래 맥락과 장기적 활용 가능성을 존중해야 지속성을 확보할 수 있다. 탄금공원은 관광지로 개발된 곳이다. 그 취지에 맞는 이름으로 충주시민과 관광객들로부터 사랑받는 곳이면 충분하다.

문턱 낮춘 '나누면',
시민이 만드는 새로운 복지 모델

'복지대상자'와 '기부자'의 경계를 허물다

지난 3월 충주종합사회복지관 본관과 보건소 복합복지관 두 곳에서 출발한 '나누면' 사업은 불과 7개월 만에 누적 이용자 1만7천953명, 하루 평균 120명 이상이 찾는 복지 플랫폼으로 성장했다. 수치 이상의 의미가 있다. 그만큼 시민이 직접 복지를 체감하고, 이웃을 돌보는 문화가 정착되고 있다는 증거다. 행정이 주도하는 '공급 중심 복지'가 아니라 시민이 주도하는 '참여형 복지'로 변모하고 있다는 점에서 주목할 만하다.

무엇보다 인상적인 점은 시민과 기업, 기관이 자발적으로 참여한 결과라는 것이다. '나누면'은 이름 그대로 나눔의 순환을 실천하고 있다. 지금까지 모인 라면 기부 수량만 1만8천여 개에 이르며, 이를 계기로 복지 사각지대에 있던 취약계층 42명이 새롭게 발굴됐다. 단순한 기부 행위를 넘어, 이들 중 일부는 사례 관리와 응급안전 서비스 등 실질적 복지 지원으로 이어졌다.

'나누면'의 가장 큰 강점은 접근성이다. 기존 복지제도는 '신청자 중심' 구조여서, 실제로 도움이 필요하지만 행정 절차의 문턱을 넘지 못한 이들이 많았다. 하지만 '나누면'은 복지관이나 보건소에 부담 없이 들러 한 끼 식사를 하며 자연스럽게 상담과 지원을 받을 수 있는 열린 구조를 만들었다.

다른 지자체의 비슷한 사례가 시사하는 바가 크다. 인천의 '희망두레마켓'은 시민들이 식품과 생필품을 기부하고, 필요한 사람은 자유롭게 가져갈 수 있는 상호 교환형 나눔 플랫폼이다. 이 시스템을 통해 단순 물품 지원을 넘어, 지역 내 자원봉사 네트워크를 강화하고

'나누면'을 나누는 시민들(충주시)

복지기관과 협력해 긴급지원 대상자를 신속히 연결하는 구조를 만든 것이다.

또한 전주시의 '착한가게·착한가정 운동'은 민간이 주도하는 기부연대의 대표 사례다. 음식점, 미용실, 개인 가정이 스스로 기부처가 되어 지역 내 도움이 필요한 이웃에게 직접 물품을 나누는 구조로, 현재 3천여 곳이 참여 중이다. 행정적으로 제도화하기보다 시민이 주도하는 네트워크를 지원하는 형태로 운영되면서, 복지의 자생력과 지속가능성이 동시에 확보되었다는 평가를 받고 있다.

충주시의 '나누면' 역시 이와 같은 시민 중심 복지의 새로운 흐름 위에 있다. 특히 제도권 복지와 생활 속 복지를 연결하는 '중간 플랫폼'으로서의 역할이 두드러진다. 이는 단순히 한시적 나눔 사업이 아니라, 지역 내 신뢰와 연대의 문화를 복지로 제도화하는 시도다.

'복지대상자'와 '기부자'의 경계를 허물고, 시민 스스로가 복지의 주체가 되는 구조는 복지의 지속가능성을 높이고 지역 공동체의 신뢰를 강화하는 결과를 낳고 있다. 충주시의 사례는 행정의 손길이 닿기 어려운 곳에 시민의 마음이 닿을 수 있음을 보여준다. 복지는 더 이상 '받는 것'이 아니라 '함께 만드는 것'이라는 인식의 전환이 이루어진 것이다.

국립충주박물관, 새로운 문화 시대의 서막

도시 관광의 핵심 거점이며 문화적 역량을 품은 시민의 거실

요즘 크게 유명세를 얻고 있는 국립중앙박물관은 이미 '국민의 거실'이라는 별칭을 얻을 만큼 일상화된 공간이다. 개장 오픈런과 입장 대기 줄은 더 이상 화제가 아니라 상시 현상이 되었다. 그런 배경에는 다양한 기획전, 가족 단위 참여 프로그램이 있고, 박물관을 '어렵고 딱딱한 공간'에서 '친근하고 즐거운 공간'으로 바꿔 놓았다. 파리의 루브르 박물관, 뉴욕의 메트로폴리탄 미술관 같은 세계적 명소도 단순히 소장품만이 아니라 끊임없는 프로그램 기획, 개방적 공간 운영, 참여형 문화교육으로 관람객을 끌어들이고 있다.

'박물관'은 더 이상 특정 계층의 전유물이 아니라 일상 속 문화 향유의 중심이 되었다. 해외여행을 가도 꼭 들르는 코스가 박물관이듯, 지역을 대표하는 박물관은 그 도시의 얼굴이자 자산이다. 성공한 박물관들은 모두 지역사회와 긴밀히 연결돼 있다. 광주 국립아시아문화전당은 공연·전시·학술을 결합해 지역 예술인들의 활동 무대가 되고, 일본의 큐슈 국립박물관은 학교 교육과 연계한 체험학습으로 지역 학생들의 필수 교육장이 되었다.

충북 최초의 국립충주박물관이 내년 8월 준공을 앞두고 있다는 소식이다. 중요한 것은 어떻게 이 공간을 활용해 시민과 방문객의 삶에 스며들게 할 것인가이다. 먼저 박물관은 도시 관광의 핵심 거점이다. 프랑스 오르세 미술관이나 스페인 구겐하임 빌바오는 도시 이미지를 완전히 바꿔 놓았다. 국립충주박물관도 충주호, 수안보온천, 중앙탑공원 등 인근 관광 자원과 연계한 문화관광 코스로 자리매김해야 한다. 2028년 부터는 중부권발명교육지원센터와 더불어 탄금공원의 쌍두마차로 관광객을 모을 수 있다. 이렇게 '역사문화—휴양—산업관광'의 삼박자를 갖춘 충주의 브랜드를 강화하는데 박물관은 핵심 역할을 할 수 있다.

또 하나, 국립충주박물관은 시민들에게 '우리 도시에 국립박물관이 있다'는 자부심을 안겨줄 것이다. 이는 충주의 위상과 문화적 역량을 상징하는 사건이다.

충주는 삼국 문화의 요충지이자, 고려·조선의 역사적 흔적이 짙게 남아 있는 도시다. 장미산성, 고구려비, 탑평리 칠층석탑, 누암리 신라고분 등 삼국 유적이 녹아 있고, 우륵과 가야금을 비롯해 중원문화를 전승하는 여러 유산 등은 박물관 전시와 교육 프로그램에 살아 있는 자산이다. 단순히 유물을 전시하는 데 그치지 않고, 역사적 스토리를 현대적 감각으로 풀어낸다면 충주는 곧 '역사문화의 도시'로 재조명될 수 있다. 예컨대 어린이를 위한 삼국시대 체험교실, 지역 예술가와 협업한 역사 해설극, AR·VR을 활용한 전시 연출은 방문객에게 새로운 경험을 선사할 것이다.

이렇게 '찾아가는 박물관', '열린 학습관', '시민의 거실'로 자리 잡는다면, 충주는 단순한 지방 도시를 넘어 대한민국 역사문화의 중심으로 거듭날 수 있다. 내년 8월, 충주박물관의 문이 열리는 순간은 단순한 개관이 아니라 충주의 새로운 문화 시대 개막이다. 충주박물관은 지역의 자산을 넘어 세대를 잇는 자긍심으로 자리할 것이다.

내년 개관을 목표로 공사중인 국립충주박물관. 중원 문화의 새로운 거점이 될 것으로 기대된다.

PART 5

적정인구, 지역사회의 생존전략

충주, 역사적 위상에서 미래형 강소도시로

조선 후기 제2 도시, 60, 70년대 중화학공업 선도 도시의 영광 재현

1789년, 조선 정조 13년. 프랑스에서는 혁명이, 미국에서는 조지 워싱턴이 대통령으로 취임한 그 해, 조선에서도 도시 위상은 분명했다. 놀랍게도 당시 인구 기준 전국 2위 도시는 다름 아닌 충주였다. 87,331명으로 한양에 이어 두 번째, 남한 기준으로는 1위였다. 지금은 중소도시로 분류되는 충주가 당대 조선의 산업 중심지였다는 사실은 놀랍다.

그 위상은 우연이 아니었다. 충주는 수운과 육상 교통의 전략적 요충지였다. 남한강 수계를 통해 조세와 물자가 집결했고, 경상도에서 대구·문경을 거쳐 충주를 지나 한양으로 오르는 육로는 국가 물류의 동맥이었다. 행정과 상업의 결절점으로서 '충주忠州'라는 이름이 상징하는 바는 분명했다.

18세기 충주 인구수는 전국 2위였다.

그러나 19세기 말 철도가 주 교통망으로 부상하면서 수운의 힘은 급격히 약화됐다. 대전으로 철도 축에서 비껴난 충주는 교통 주도권을 상실했고, 이는 도시 성장의 정체로 이어졌다. 1950년대 후반 충주비료공장 건립으로 '인구 120만 산업도시' 구상이 있었지만, 경제개발 계획에서 밀려나며 실현되지 못했다. 결국 1980년대 중반 충주비료공장 폐쇄가 결정타가 되어 충주는 산업 동력을 잃고 한동안 침체의 길로 들어섰다. 이즈음 충주댐 준공, 공군비행장 입주는 산업 발달과 거리가 멀었다.

1995년 중원군과 시군 통합 당시 약 21만 3천 명이던 충주시 인구는 지금도 같은 수준을 유지하고 있다. 그렇다면 충주는 무엇을 목표로 삼아야 할까. 단순히 "전국 2위 도시 충주의 영광을 회복하자"는 구호는 현실성이 부족하다. 18세기의 영광을 21세기의 목표로 삼는 것은 의미도 없거니와 불가능하다. 오히려 중요한 것은 충주가 오늘

1950년대 후반 한국 유일의 기업체인 충주 비료공장 전경

어떤 도시로 자리매김할 것인지에 대한 분명한 규정이 필요하다.

충주는 여전히 강점을 갖고 있다. 남한강을 품은 수려한 자연경관, 고구려비·탄금대·중앙탑 같은 역사 유산, 수안보온천과 세계조정경기장 등 관광자원, 그리고 수도권·강원권·충청권을 잇는 지리적 중심성까지. 여기에 바이오헬스산업, 승강기 클러스터, 수소 특구 등 새로운 산업 기반이 형성 중이다.

앞으로 충주는 과거의 막연한 환상이 아니라, 인구 25만 명과 재정자립도 25%를 현실적 목표로 삼아야 한다. 이는 단순한 숫자가 아니라, 시민 삶의 질을 높이는 '강소 명품도시 전략'이다. 무작정 외연에 대한 환상을 가지기보다 적정 인구를 유지하면서 재정자립도를 높여 지속 가능한 도시 구조를 설계하는 것이 핵심이다.

도심과 농촌, 산업과 문화, 자연과 사람을 균형 있게 연결하고, 교육·의료·교통 인프라를 세심히 확충해 시민이 체감하는 생활 만족도를 높여야 한다. 충주는 수도권의 외곽이나 지방의 변방도 아닌 국토 중심의 허브 도시라는 정체성을 분명히 가질 수 있다. 스스로 강해질 수 있는 단단한 중심성, 그것이 충주의 경쟁력이다.

234년 전, 조선의 중심도시였던 그 위상은 지나간 역사의 자취에 불과하지만, 다시 그 영광을 재현할 잠재력과 가능성은 충분하다. 과거의 영광에 집착하는 것이 아니라, 균형 잡히고 지속 가능한 강소 자강도시로 거듭나고자 하는 것이다. 더는 전국 2위 도시로 돌아갈 수는 없지만, 대한민국에서 가장 품격 있는 명품도시로 도약할 수 있다.

원주, 천안, 평택 그리고 충주

수도권 활용, 특화 산업 집적화, 국책사업 활용이 사사점

1990년대 초반까지만 해도 충주, 천안, 평택, 원주는 인구 20만 명 내외의 비슷한 규모의 중소도시였다. 그러나 30여 년이 흐른 지금 천안은 약 70만, 평택은 약 60만, 원주는 약 36만 명의 도시로 성장했다. 이 같은 차이는 단순한 인구 규모뿐 아니라 도시 전략과 정책 선택의 방향성, 그리고 교통 접근성과 산업 유치, 교육 기반 등 정주 여건에 있으며, 지금 우리 충주에 중요한 시사점을 던진다.

먼저 천안의 사례를 보면 수도권과의 지리적 근접성을 적극적으로 활용했다는 점이 눈에 띈다. KTX 천안아산역 개통, 경부고속도로 및 수도권 전철 연장으로 서울 및 수도권과의 연결성을 크게 개선했고, 아산과의 기능 통합을 통해 광역 도시권 효과를 누릴 수 있었다. 이와 함께 단국대, 상명대, 백석대 등 고등교육기관이 집적되어 청년 인구 유입의 발판이 마련되었고, 기업 연구소와 R&D 지구가 들어서면서 일자리와 정주 기반이 함께 확대됐다. 천안은 교통·교육·산업·주거가 유기적으로 연계되며 '생활권 도시'로 진화하는 데 성공했다.

평택은 국책사업을 전략적으로 수용한 대표적인 도시다. 미군기지 이전(캠프 험프리스), 고덕국제신도시 조성, 삼성전자 반도체 단지 유치 등 대형 국책·민간 프로젝트를 과감히 수용하며 도시 성장의 기폭제로 삼았다. 이러한 거대한 외부 동력은 정주 인프라 확충과 배후 도시 성장으로 이어졌고, 결국 평택은 국가 안보, 산업, 국제 교류의 기능까지 확보한 '복합 거점도시'로 도약할 수 있었다.

원주는 과거 군사도시의 이미지를 벗고 의료·바이오 중심 도시로 변신한 사례다. 영동고속도로의 중간 거점이라는 입지를 활용하면서도, 국책사업인 혁신도시 조성과 기업도시 개발을 연계하여 발전을 꾀했다. 특히 연세대 원주캠퍼스를 축으로 한 의료산업 집적화에 집중해 '의료도시 원주'라는 차별화된 브랜드를 구축했다. 공공기관 이전과 의료·바이오 산업 육성은 원주의 성장을 뒷받침한 핵심 축이었다.

이처럼 세 도시는 서로 다른 방식이었지만 공통적인 성장 조건을 갖추고 있었다. 수도권 및 광역 교통망을 확보했고, 산업과 정주 여건을 육성했으며, 국책사업을 전략적으로 수용해 도시계획과 연계했다. 결과적으로 이들 도시는 인구 유입에 산업 확장, 정주 기반 강화라는 선순환 구조를 형성할 수 있었다.

반면 충주는 우수한 입지를 갖추고 있음에도 불구하고 성장 동력을 충분히 살리지 못했다. 중부내륙의 중심부에 위치해 교통의 요충지라

중부내륙 교통의 요충지라는 장점을 제대로 살린 종합도시 계획이 필요하다.

는 장점을 갖고 있지만, 10여 년전까지 교통망 확충은 수도권이나 타 광역권과의 접근성을 획기적으로 개선하지 못했다. 또 전략산업을 집중 육성하기보다는 개별 기업이나 산업단지 중심의 산발적 성장이 이루어졌으며, 대학과 산업, 교육, 문화와 거주 환경이 유기적으로 연결되지 못했다. 그 결과 청년 인구의 유입은 제한적이었고, 고령화 현상이 가속되었다.

앞으로 충주가 원주, 천안, 평택과 같은 성장 모멘텀을 만들기 위해 나아가야 할 길은 분명하다. 첫째, 수도권 및 광역권과의 교통망을 획기적으로 개선하여 접근성을 높여야 한다. 둘째, 충주의 특화 산업을 집적화하고, 대학 및 연구기관과 긴밀히 연계해 혁신 거점을 구축해야 한다. 셋째, 국책사업을 과감히 수용하고 이를 정주 기반 확충과 연계하여 체류형 인구를 늘려야 한다. 이를 토대로 교육·산업·문화· 주거 등 세부 정책이 유기적으로 연결되는 종합 도시 전략을 세워야 한다.

생활인구가 이끄는 지역 경제

생활인구의 증대는 도시의 체질을 바꾸는 구조적 변화

하루 평균 800여 명이 찾는 충주호 파크골프장은 이제 단순한 운동시설이 아니라 충주 목행동의 생활 경제를 움직이는 엔진이 되고 있다. 날씨가 좋지 않은 날을 감안해도 한 달이면 2만 명, 1년으로는 20만 명이 넘는 사람들이 이곳을 오가며 소비하고 머물고 경험한다.

파크골프장 인근 목행동 상가의 분위기가 달라진 것도 그 때문이다. 용품점, 식당가, 커피숍 등 서비스업이 활기를 띠고, 상인들에게 생기가 든다. 생활인구의 흐름이 지역상권을 살려내고, 골목 경제를 회복시키는 생생한 사례다.

생활인구란 일정 기간 특정 지역에 거주하지 않더라도 업무, 학업, 여가 등으로 머무는 사람들을 뜻한다. 정주인구(주민등록상 인구)와 달리 '움직이는 사람'이지만, 이들이 남기는 경제적 파급력은 결코 작지 않다. 숙박과 식사, 쇼핑, 교통 등 일상의 소비활동이 쌓여 지역 내 재화의 순환을 일으키고, 이 흐름이 지역 자영업자와 중소상공인에게 안정적인 수입 구조를 만들어준다. 결국 생활인구의 증가는 도시 내 '재화의 유동성'을 확대시키는 핵심 변수이며, 장기적으로는 지역의 정책인구 즉, 실제 생활 기반을 둔 인구를 늘리는 토대가 된다.

우연히 만난 목행시장 상인회장은 "파크골프 아이템으로 동네를 바꾸어 보겠다"는 포부를 밝혔다. 그의 말처럼, 파크골프는 단순한 스포츠를 넘어 지역경제의 촉매로 자리 잡고 있다.

이처럼 생활인구의 움직임을 지역 발전의 전략적 기회로 인식하는 시선이 필요하다. 단발성 이벤트나 외지인 유치 사업보다 중요한 것은 이들이 지속적으로 찾아오고 머물 수 있는 환경, 다시 말해 '생활권 확장형 도시 구조'를 만드는 일이다.

크게 개선된 교통 접근성으로 사람과 물자의 흐름이 더욱 가속화되면 곧 생활인구 확대로 이어질 것이고 도심과 외곽, 관광지와 산업단지, 문화시설과 주거지 간의 연결성이 강화되면 충주는 '지나가는 도시'가 아니라 '머무는 도시'로 변모할 수 있다.

생활인구 증대는 단지 상권의 매출 증가에만 그치지 않는다. 도시의 체질을 바꾸는 구조적 변화로 이어진다. 다양한 외부 인력이 머물면 교육, 문화, 복지, 교통 등 공공서비스의 수요가 늘어나고, 이는 자연스럽게 정주 여건 개선으로 연결된다. 한 지역에서의 '체류 경험'이 누적되면, 언젠가 그 지역을 '생활 기반지'로 선택하는 사람도 늘어난다. 결국 생활인구의 유입은 충주가 장기적으로 인구 감소 문제

충주호파크골프장

를 완화하고, 정책적 인구 확대 효과를 얻는 선순환의 출발점이 되는 것이다.

지금은 한 우물을 깊게 파면 작은 공동체도 바꿀 수 있는 시대다. 충주호 파크골프장의 성공처럼, 도심 곳곳에 새로운 '생활 우물'을 만드는 노력이 이어져야 한다. 문화, 교육, 스포츠, 자연, 산업 등 각 분야에서 사람들이 찾아오고 머물 이유를 만드는 것이 도시의 미래 경쟁력이다. 목행동의 변화는 그 가능성을 보여주고 있다.

재정자립도 25%를 향한 과제와 의지

산업 유치와 안정적인 부동산 정책 등 지방세수 확보책 강구

최근 충주시의 재정자립도는 17%대에서 오간다. 이는 지방자치단체가 독자적인 정책 사업을 펼치기에는 부족한 수준이다. 어느 보고서는 2022년 우리나라 기초지자체 상위 10개와 하위 10개의 평균 재정자립도를 49.9%라고 하는데, 충주는 그 수치의 절반에 미치지 못한다. 당장은 최소한 25% 수준에 목표를 두어야 도시의 성향과 방향에 맞는 중장기적 정책 실현의 여지가 넓어진다. 문제는 이 8%포인트의 격차를 어떻게 메울 것인가이다.

충주시의 2024년 예산은 약 1조 2천억 원 규모다. 쉽게 현재 재정자립도 17%는 자체 수입이 약 2천40억 원이라는 뜻이다. 당초 예산이 그대로라는 전제에서 목표치 25%는 약 3천억 원이므로, 충주가 매년 약 960억 원의 세수를 추가로 확보해야 한다는 계산이 나온다.

기초자치단체 재정자립도 변화

단위 : %

재정자립도	2010년	2022년
상위 10개 기초자치단체	서울 본청(83.4), 서울 중구(82.9), 서울 서초(79.8), 서울 종로(78.5), 서울 강남(77.1), 서울 송파(73.9), 인천 본청(70.0), 경기 성남(67.4), 경기 화성(67.1), 서울 영등포구(66.5)	서울 본청(79.5), 서울 강남(69.4), 세종 본청(66.9), 서울 중구(65.6), 경기 과천(63.9), 서울 서초(63.5), 경기 성남(62.2), 경기 화성(58.6), 경기 본청(58.0), 경기 용인(55.6)
	10개 평균(74.7)	10개 평균(64.3)
하위 10개 기초자치단체	전남 고흥(8.6), 전남 곡성(8.7), 전남 보성(8.9), 전남 강진(9.2), 전남 장흥(9.2), 전북 남원(9.3), 경북 봉화(9.4), 전남 완도(9.5), 전북 고창(9.6), 전남 함평(10.3)	전남 완도(6.5), 전남 구례(7.1), 전남 신안(7.5), 전남 강진(7.8), 경남 합천(9.0), 전남 보성(9.4), 강원 고성(9.4), 전남 해남(9.6), 충북 괴산(9.7), 경북 군위(9.7)
	10개 평균(9.3)	10개 평균(8.6)
전국 평균	52.2	49.9

자료: 지방재정365(https://www.lofin365.go.kr)를 토대로 작성.

물론 예산 총규모에서 중앙정부 이전 재원 구조나 세출 조정 등 재정 운용이 일정하다는 가정 아래의 계산이다.

충주시의 인구·산업구조 특성상, 지방세-취득세, 재산세, 지방소득세 등은 산업 유치와 부동산 거래에 크게 의존한다. 따라서 무엇보다 기업 유치에 따른 산업 기반 확충이 핵심이다. 기업이 들어와야 지방소득세, 재산세가 늘고, 인구가 유입되어 소비와 취득세도 증가한다.

그리고 주거와 부동산 개발이다. 호암 신도시와 안림지구, 원도심 재개발, 기업도시 주거단지 조성 등은 취득세와 재산세 기반을 넓히는 중요한 사업이다. 안정적인 주거 공급은 인구 정착과 세원 확보의 선순환을 이끌며, 장기적인 안정성 유지에 도움된다.

관광과 문화 분야의 잠재력도 활용해야 한다. 충주호와 탄금호, 문화도시 사업, 국립충주박물관과 중부권발명교육지원센터, 다양한 지역축제는 단순한 행사가 아니라 세외수입을 늘릴 기회다. 입장료, 주차료는 물론, 민간투자를 유도해 지역경제 전체를 활성화할 수 있다.

이 같은 과정은 중앙정부와의 정책 부합 그리고 지자체의 의지와 세부 정책이 관건이다. 여기에 충주에 국한되지는 않지만, 재정 분권과 직결되는 지방세 확충을 위해 장기적으로 지방소비세와 지방소득세의 비중 확대를 요구하는 것도 과제이다.

충주가 목표로 하는 재정자립도 25%는 단순한 수치가 아니다. 그것은 도시가 궁극의 목표를 위한 정책을 펼칠 수 있는 최소한의 발판이자, 지속 가능한 성장의 전제 조건이다. 약 1천억 원에 달하는 추가 세수를 확보하려면 산업·주거·관광·세외수입 등 다각도의 전략을 긴밀히 결합해야 한다.

지금 필요한 것은 재정자립도를 높이겠다는 강력한 의지와 구체적인 실행 계획이다. 충주가 그 길을 흔들림 없이 걸어간다면, 자립도 25%는 충분히 현실적인 목표가 될 수 있다. 특히 항공물류공항 추진과 바이오헬스 국가산단 조성 그리고 충북선·중부내륙선 고속화, 용인~충주 민자고속도로 같은 교통 인프라 확충은 지방세수 확대와 직결된다. 세부적으로 과세 사각지대를 정비해 정상화할 필요가 있고 문화 관광 등, 생활인구의 유동성을 높여 중장기적으로 세원의 안정적으로 확보할 수 있을 것이다.

적정인구 25만 명의 과제

인구 문제 극복과 지역 발전이 만드는 도농복합 명품도시

인구는 한 사회를 떠받치는 근본 자원이다. 경제와 산업, 교육과 문화, 복지와 행정을 아우르는 모든 정책의 기준이자 동력은 결국 사람에서 비롯된다. 특히 지방 도시의 경우 인구 구조의 건전성은 도시의 존속 가능성을 결정짓는 핵심 변수라 할 수 있다. 저출생과 고령화라는 흐름을 어떻게 극복하느냐에 따라 지역의 미래는 달라진다. 충주 또한 예외가 아니다. 오늘날 충주의 인구 구조가 겪고 있는 문제를 직시하고, 이를 개선하려는 노력이 절실하다.

충주는 역사적으로 교통과 산업의 요충지로 자리 잡아 왔다. 조선 정조 남한에서 한양 다음으로 인구가 많은 도시였으며 1960, 70년대 국가 화학산업의 중추 도시였다. 당시 전국적 위상을 갖춘 경험과 자부심이 있기에 충주가 다시금 인구와 산업을 기반으로 도약할 수 있다는 자신감을 가질 수 있다.

하지만 현재의 충주는 청년층 유출, 출산율 저하, 고령화 가속이라는 삼중의 인구 압박을 받고 있다. 이는 지역경제의 활력을 약화시키고, 교육·문화·복지 전반의 수요와 공급 구조를 왜곡시킨다. 결국 인구 문제는 단순한 통계의 문제가 아니라 도시 지속 가능성의 조건인 셈으로 생존전략이다.

이런 취지에서 충주인구와미래포럼은 충주의 어제, 오늘을 살펴보고 미래로 나아갈 길을 모색하고자 정책세미나를 열었다. 지역이 가진 여건과 상황을 최대한 활용하고, 정책의 유기적 연결을 통해 인구 문제를 풀어 보았다. 좋은 경제 여건과 매력적인 정주 여건을 만들기 위해 현실적인 대안을 도출하여 충주만의 특장점과 비전을 갖고 인구의 구조적 질을 개선해야 한다는 것이다.

그러기 위해 우선 지역경제의 체질 개선과 일자리 창출이 중요하다. 청년층이 떠나는 가장 큰 이유는 안정적인 일자리 부족이다. 충주는 승강기, 바이오헬스, 친환경 수소, 미래차 전장부품 등 국가적 전략 산업을 이미 품고 있다. 이러한 산업 기반을 활용해 청년과 전문인력이 머무를 수 있는 고용환경을 조성해야 한다. 산업단지와 교육기관, 지자체가 연계해 지역 특화 일자리 모델을 만들면 청년 인구의 순 유입을 이끌 수 있다.

여기에 교육과 문화 인프라 확충이 필요하다. 젊은 세대가 정착하기 위해서는 단순한 일자리뿐 아니라 자녀 교육과 생활문화 여건이 뒷받침되어야 한다. 교육·문화·여가 정책을 유기적으로 연결해 살고

〈충주인구변화와 미래〉 주제 발표에서

싶은 도시로서 정주 여건을 만들어야 한다.

초고령사회에 접어든 충주에서 복지 전략은 무엇보다 중요하다. 고령 세대가 사회적 약자가 아니라 새로운 지역 자원으로 기능할 수 있도록 평생교육, 사회참여, 세대 간 연계 프로그램을 강화해야 한다. 이는 인구 구조의 균형을 유지하는 데 기여하면서 세대 통합의 기반을 넓히는 효과가 있다.

마지막으로, 인구 개선은 정책만으로는 달성되지 않는다. 지역사회 구성원 모두의 관심과 참여가 필요하다. 또 정책 간 유기적 연결로서 생애 주기별 생태계 구축이 필요하다. 생활 속에서 출산·보육·교육 친화로써 정주 여건을 마련하고 지역 산업과 문화 자산을 함께 가꾸려는 노력이 필요하다.

충주는 이미 산업과 문화, 자연과 역사를 두루 갖춘 도시다. 여기에 사람과 공동체가 더해질 때 명실상부한 도농복합 미래형 명품도시로 발전할 수 있다. 인구 25만 명, 40, 50대가 가장 많은 항아리형 인구 구조를 만드는 것이 과거 국가산업을 선도했던 충주의 저력을 다시 발휘하는 것이다. 인구 문제를 도시 발전과 연계하면 위기가 기회가 된다는 믿음으로 이번 세미나가 새로운 도약의 출발점이라는 믿음을 가진다.

인구 구조, 역삼각형에서 항아리형으로

정착 중심의 정책으로 그 핵심은 '삶의 질'과 '세대 공존'

충주는 인구 감소와 고령화가 동시에 진행되는 이중 구조의 도시다. 전체 인구 중 65세 이상 고령층이 25%를 넘고, 청년층 비중은 전국 평균보다 낮다. 피라미드형이 아닌 역삼각형 구조 속에서는 생산 가능 인구가 줄어드는 현상을 피할 수 없다. 이러한 구조적 문제는 출산 장려나 외부 인구 유입만으로는 해결하려고 하기보다 '사람이 머무를 수 있는 환경'에서 방법을 찾아야 한다.

따라서 필요한 것은 단기 유입이 아닌 '정착 중심의 인구 정책'이다. 현재 거주하는 시민이 안심하고 살아갈 수 있는 기반을 먼저 다져야 한다. 아이를 낳고 키우는 데 필요한 보육·교육 인프라, 청장년층이 일할 수 있는 일자리와 주거 안정, 노년층이 사회적 역할을 이어갈 수 있는 건강·돌봄 체계가 균형을 이루어야 한다. '선 정착, 후 유입'이라

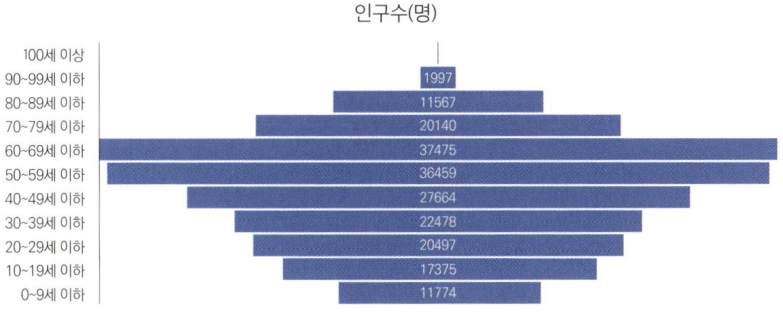

는 전략 기조가 중요한 이유다. 출산부터 노후까지 전 생애를 잇는 생활 생태계가 형성될 때, 도시는 자연스럽게 사람을 끌어들인다.

이를 위해 세대별 맞춤 정책의 연계가 필수다. 교육을 받은 청소년이 지역을 떠나지 않고, 떠났더라도 다시 돌아올 수 있는 선순환 구조를 만들어야 한다. 전남 나주시와 강원 원주시는 지역 대학, 기업, 지자체가 연계한 '청년 정착형 일자리 프로그램'을 통해 귀향 청년층을 늘린 바 있다. 충주 역시 자동차·바이오헬스·문화산업과 연계된 청년 취·창업 프로그램을 만들고, 공공임대주택·공유오피스·생활형 커뮤니티를 묶은 청년 정주 정책을 펼친다면 미래의 핵심 인구층을 붙잡을 수 있다.

여성 친화 정책도 빼놓을 수 없다. 구도심에 공동육아나눔터, 여성 창업 지원공간, 가족문화센터 등을 집적한 복합문화시설을 마련하면 일·가정·여가가 공존하는 생활환경이 만들어진다. 여성의 삶의 질이 도시 선택의 기준이라는 점을 감안하면, 이는 곧 가족 전체의 정주 만족도로 이어진다.

한편, 인구의 3분의 1을 차지하는 노장년층은 충주의 새로운 자산이다. 단순 복지를 넘어 '경험을 활용한 일자리'로 전환해야 한다. 일본 도야마시는 60세 이상 시민을 지역 돌봄, 마을 관리, 교육보조 등 일상 서비스에 참여시키는 '액티브 시니어 프로그램'을 통해 고령사회를 지속가능한 구조로 바꾼 대표 사례다. 충주 역시 노년층의 사회참여를 제도화한다면, 돌봄과 일자리, 세대 간 공감이 동시에 확산될 것이다.

무엇보다 중요한 것은 지역 정착에 대한 긍정적 인식의 전환이다. "충주에 살아도 충분히 행복하다"는 체감과 자존감이 필요하다. 시민 스스로가 지역자원을 소비하고, 외지인에게 도시의 장점을 알리는 생활 속 홍보가 필요하다. 농특산물 소비, 지역 상권 이용, 로컬 문화 참여 등이 경제 선순환을 만들어낸다. 또한 다문화가정과 이주민, 귀향 청년이 자연스럽게 어울릴 수 있는 포용적 공동체 문화도 도시의 지속성을 높인다.

충주의 인구 구조를 역삼각형에서 항아리형으로 바꾸는 일은 단순히 인구수를 늘리는 문제가 아니다. 세대가 단절되지 않고, 삶의 주기가 지역 안에서 선순환하는 구조를 만드는 일이다. 행정의 정책 투입과 함께 시민의 공감과 실천이 맞물릴 때, 충주는 고령화의 도시에서 세대 공존의 도시로 전환할 수 있다. 그것이 바로 충주의 인구 미래전략이 나아가야 할 길이다.

인구 반전의 기회를 맞은
충주는 '가능성의 도시'

충주의 모든 정책과 투자는 사람이 모이는 구조로 설계되어야 한다

충주는 인구 감소와 고령화라는 구조적 위기 속에서도, 성장의 잠재력과 변곡점을 동시에 품은 도시다. 앞서 천안, 평택, 원주가 외부 접근성, 산업 기반, 교육 문화, 국책사업의 네 축을 중심으로 인구 반전을 이뤄냈듯, 충주 역시 이 네 가지 요소를 충족시킬 수 있는 여건을 빠르게 갖추고 있다. 도시의 방향성을 '인구 증가'가 아닌 '사람이 모이는 구조'로 전환한다면, 충주는 향후 10년 내 인구 구조를 반등시킬 수 있는 가능성이 가장 높은 중부 내륙의 중심 도시가 될 것이다.

첫째, 접근성의 질적 전환이 시작됐다. 2022년 말 개통된 중부내륙선 KTX는 충주를 수도권과 1시간 내외로 연결시키며, 생활권의 개념 자체를 바꿔놓았다. 통근·통학·관광의 흐름이 동시에 확대되면서 '출퇴근 도시'에서 '정착 가능한 도시'로의 전환이 가속화될 것이다. 여기

중부내륙선 KTX 개통으로 충주는 수도권과 1시간 생활권 도시로 빠르게 변화하고 있다.

에 최근 민자 적격성을 통과한 용인–충주 민자 고속도로와 충청내륙 고속화도로의 완전 개통은 충주의 내·외부 교통망을 완결을 가속한다. 접근성은 단순한 이동의 편의가 아니라 '1시간 생활권 도시'로서 인구의 흐름을 바꾸는 결정적 요인이다. 수도권의 팽창이 한계에 이른 지금, 충주는 그 부담을 분담할 입지를 확실히 다지고 있다.

둘째, 산업의 전환이 도시의 체질을 바꾸고 있다. 충주는 바이오헬스 국가산단 조성, 승강기 산업 클러스터, 수소특화단지, 자동차 소부장 산업 등 4대 미래산업을 축으로 한 구조 재편을 진행 중이다. 그러나 산업의 성공은 공장이나 기업 유치에만 달린 것이 아니라, 그것이 지역 고용과 청년 정착으로 연결되느냐에 달려 있다. 지역대학과 산단을 연계한 맞춤형 교육 프로그램, 창업 및 R&D 지원, 공공임대주택과 생활형 커뮤니티 공간이 결합될 때 산업은 '사람을 머물게 하는 산업'이 된다. 지금 충주는 이 전환의 문턱에 서 있다.

셋째, 국책사업과의 전략적 연계가 충주의 잠재력을 완성한다. 단순히 중앙의 지시를 따르는 수동적 수용이 아니라, 지역의 인프라와 맞물린 능동적 제안이 필요하다. 충주는 수도권 배후의 항공물류 중심지, 중부권 수소 산업 거점, 문화도시 허브 등 다양한 국가 전략 속에서 역할을 재정의할 수 있다. 이러한 제안은 지역 비전의 정합성과 정치적 추진력이 결합될 때 실현 가능성이 높아진다. 국책사업의 방향을 '행정 중심'에서 '사람 중심'으로 전환하는 것이 충주의 과제다.

넷째, 교육과 문화기반은 충주의 가장 큰 경쟁력이다. 충주는 교육특구의 명성을 기반으로 한 학력 인프라, 문화도시로서의 예술·체험 네트워크, 지역대학의 전문화 전략 등을 모두 갖추고 있다. 여기에 '청년 성장 루트'를 제도화할 필요가 있다. 고교-대학-산단-정주지로 이어지는 지역형 성장 사다리를 구체화하면, 지역에서 배운 청년이 다시 지역의 일원이 되는 선순환이 가능하다. 천안이 대학 중심 도시로, 원주가 의료·바이오 복합도시로 성장한 것처럼, 충주 역시 교육·문화 복합형 도시로 도약할 토대를 갖추고 있다.

충주는 인구 반전의 핵심 요건을 모두 갖추기 시작한 도시다. 철도와 도로망이 완성되며 접근성이 개선되고, 미래산업이 성장의 동력이 되고 있으며, 교육과 문화가 도시의 정체성을 형성하고 있다. 여기에 행정과 시민의 의지가 결합될 때, 충주는 단순한 중부 내륙의 중간 도시가 아니라, 대한민국 내륙 발전의 새로운 모델이 될 수 있다. 앞으로 10년, 충주의 모든 정책과 투자는 단순한 개발이 아니라 "사람이 모이는 구조"를 향해 설계되어야 한다.